高等教育

教育理论与实践研究前沿

高职专业调整与劳动力市场适切性研究

杨振军／著

北京教育科学研究院学术著作出版资助项目

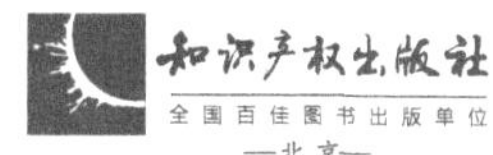

图书在版编目（CIP）数据

高职专业调整与劳动力市场适切性研究 / 杨振军著 . —北京：知识产权出版社，2021.12

ISBN 978-7-5130-7867-2

Ⅰ . ①高…　Ⅱ . ①杨…　Ⅲ . ①高等职业教育—专业设置—关系—劳动力市场—需求—研究—中国　Ⅳ . ① G718.5

中国版本图书馆 CIP 数据核字（2021）第 234261 号

责任编辑：王颖超　　**责任校对**：潘凤越
文字编辑：赵　昱　　**责任印制**：孙婷婷

高职专业调整与劳动力市场适切性研究

杨振军　著

出版发行：知识产权出版社有限责任公司　　**网　　址**：http：//www.ipph.cn
社　　址：北京市海淀区气象路 50 号院　　**邮　　编**：100081
责编电话：010-82000860 转 8655　　**责编邮箱**：wangyingchao@cnipr.com
发行电话：010-82000860 转 8101/8102　　**发行传真**：010-82000893/82005070/82000270
印　　刷：北京建宏印刷有限公司　　**经　　销**：各大网上书店、新华书店及相关专业书店
开　　本：880mm × 1230mm　1/32　　**印　　张**：9.625
版　　次：2021 年 12 月第 1 版　　**印　　次**：2021 年 12 月第 1 次印刷
字　　数：210 千字　　**定　　价**：59.00 元

ISBN 978-7-5130-7867-2

序

增强职业技术教育适应性是当前我国教育改革与发展的重大战略问题，对于我国从“教育大国”迈向“教育强国”，立足新发展阶段、贯彻新发展理念、构建新发展格局、推动高质量发展都具有重大而深远的意义。

2019 年，我国高等教育毛入学率达到 51.6%，进入了普及化阶段。我国教育发展的供求关系、内外部环境、评价标准、保障机制都发生着重要而深刻的变化，促进教育与经济社会协调发展的任务日益凸显。在此背景下，2020 年 11 月发布的《中共中央关于制定国民经济和社会发展第十四个五年规划和二〇三五年远景目标的建议》，聚焦建设高质量教育体系战略目标任务，明确提出要“加大人力资本投入，增强职业技术教育适应性，深化职普融通、产教融合、校企合作，探索中国特色学徒制，大力培养技术技能人才”。在 2021 年 4 月中旬召开的第一次全国职业教育大会上，习近平总书记也作出重要指示，强调职业教育前途广阔、大有可为，要增强职业教育适应性，加快构建现代职业教育体系，培养更多高素质技术技能人才、能工巧匠、大国工匠。

因此，在全社会普遍关注增强职业技术教育适应性、促进我国职业教育高质量发展的背景下，杨振军同志基于博士学位论文修改而成的专著《高职专业调整与劳动力市场适切性研究》付梓出版，可以说是恰逢其时，反映了他的学术敏感性和专业眼光。我个人认为，本书关注的我国高职专业人才培养的类型、规模、结构与劳动力市场需求的适切性或匹配度问题，实际上也是新时代增强职业技术教育适应性必须观照的重要方面，特别是高等职业教育如今在我国高等教育发展全局中扮演着举足轻重的角色。2020 年底，全国高职（专科）招生 483.61 万，占普通本专科的 52.90%，选择这样一个拥有庞大学生群体的教育系统与劳动力市场的协调状况进行整体性研究，需要很强大的理论勇气，也注定是一项艰苦的工作。

杨振军同志在北京教育科学研究院高等教育科学研究所长期从事高等职业教育发展问题研究，特别是一直在参与《北京市高等职业教育质量年报》的研制工作，对于高职院校发展实际情况非常熟悉，对于高等职业教育战线也很有感情，对于促进高等职业教育发展有着许多独到见解。这次利用攻读博士学位的机会，在北京师范大学诸位师长的指导下，利用经济学理论和实证研究方法，将自己多年观察和思考的教育现象进行系统总结和学术提炼，对相关问题做了有益的探索，提出的分析框架、基本结论和政策建议都具有重要的参考价值。例如，我国高等职业教育专业调整步入加速期，专业调整呈现明显的结构性特征；从供需匹配的角度来看，我国高职专业调整与劳动力市场需求的整体协调性较差；劳动力市场信号对于高职院校专业调整的影响较弱且不平衡等主要研究结论，就值得高度关注和深入分析。特别是这项研究紧紧抓住“专业调整”这个“牛鼻子”，力图准确把握我国高职院校专业建设的基本特征以及市场因素对高职院校专业调整的影响，给我留下深刻印象，相信也会对其他学者研究诸如我国大学生就业问题、职业教育发展问题、教育治理体系和治理能力现代化问题、产业转型升级问题，具有启发借鉴意义。

总之，伴随着我国教育普及程度的持续提高，教育规模的持续扩大不可避免，由此带来的教育体系的分化和复杂程度还会增加，再加上不同社会群体的教育观念和经济社会发展对人才需求日益多样，如何在建设人力资源强国过程中实现“教育与经济社会协调发展”自然成为教育研究的重要命题。相信《高职专业调整与劳动力市场适切性研究》的出版，能为我们思考这一基本问题提供有益的启发和借鉴。

北京教育学院副院长、研究员

桑锦龙

2021 年 9 月 23 日

目　录

第一章　绪论

第一节　问题提出

经过改革开放40多年的高速增长，中国经济取得了举世瞩目的巨大成就。“十二五”以来，中国经济经受了国内外复杂形势的严峻考验，逐渐步入“新常态”，从长期的高速增长阶段转向中高速增长阶段。在这样一个新的阶段，我国原有的低成本比较优势正逐渐消失，要素规模驱动力也在不断减弱，人力资本质量提升和技术进步将成为经济增长的新动能，推进产业结构调整和转型升级的任务变得非常紧迫。从我国产业发展的总体状况来看，大而不强的问题仍然突出。除个别产业外，我国产业总体处于全球产业链的中低端，在自主创新能力、从业人员素质、信息化程度、资源利用效率、质量效益等方面与发达国家仍然差距明显，结构调整和转型升级的任务非常艰巨。

产业结构调整和转型升级离不开高素质的技术技能人才。产业结构调整和转型升级的本质是科技水平和生产效率提升所带来的产品和服务市场竞争力的增强，这实质上对产业人力资本提出了更高的要求。行业企业不仅要有优秀的高端科技研发和管理人才，还要有大量从事一线生产、服务和管理工作的高素质技术技能人才。特别是产业升级通常意味着先进生产设备、生产工艺或者管理方法的使用，这就要求一线从业人员不仅要掌握先进技术、能够熟练操控先进生产设备，还应该具有优良的职业素养，并富有创新精神和创新能力，能够在生产服务过程体现出良好的敬业精神和职业道德。这类技术技能人才与传统的技术工人不同，他们具备更扎实的基础理论知识和专业素养，这通常难以通过企业的短期培训获得，而是需要经过周期较长的系统教育和训练。在我国，高素质技术技能人才培养的重任主要由高等职业教育承担。

随着我国传统产业升级改造步伐的加快和新兴产业的迅速发展，大批低技术含量的就业岗位正在消失，具有高新技术含量的就业岗位却在加速增长，行业企业对于技术技能人才的需求强劲。从劳动力市场监测结果来看，近些年我国不少地区都出现了“技工荒”现象，技术工人的求人倍率一直在 1.5 以上，高级技工的求人倍率甚至达到 2 以上的水平。[1]到 2020 年，中国企业共需要 1.4 亿高技能人才，供需缺口达到约 2200 万人。[2]然而，与劳动力市场对高技能人才的巨大需求形成强烈反差的，是萦绕我国高职多年的毕业生“就业难”问题。经过

---

❶ 马凯．促进就业创业 服务经济发展 加快推进现代职业教育体系建设——马凯在全国职业教育工作会议上的讲话［J］．职业技术教育，2014（18）：38-40.

❷ 许海霞．全球技能人才短缺问题的近期分析摘编［EB/OL］．［2020-03-12］．http：//www.ncedr.edu.cn/gjsy/201801/t20180109_29749.html.

21 世纪以来的十多年的持续扩招，到“十三五”时期，我国高职毕业生已经达到年均约 360 万人的总规模，占普通高校毕业生总规模的近一半。高职招生规模的扩张带来的不仅是就业总量的压力，更突出的是结构性的就业矛盾。

调查显示，我国高职高专院校 2018 届毕业生毕业半年后的平均就业率为 92%，比 2017 届（92.1%）略有回落。[1] 从专业类型看，高职院校的部分专业就业形势更加严峻，如表演艺术、畜牧兽医、广播影视等类专业的毕业生就业率已连续多年低于 90%。[2] 如果进一步从就业岗位与专业的相关度来看，“所学非所用”的问题表现得更为普遍，结构失衡也更加严重。高职高专院校 2018 届毕业生的工作与专业相关度[3] 只有 62%，连续多年大幅低于本科毕业生（71%）。其中，轻纺、食品和旅游等大类专业毕业生的工作与专业相关度仅为 51%。[4] 无论是“毕业即失业”，还是“所学非所用”，都反映出我国劳动力市场上存在高技能人才供需规格错位的问题，这不仅直接导致个人教育投资收益的损失，也造成社会资源的极大浪费。

2016 年 1 月，习近平总书记在重庆考察调研时的讲话指出，当前和今后一个时期，制约我国经济发展的因素，供给和需求

---

[1] 王伯庆，马妍 . 就业蓝皮书：2019 年中国高职高专生就业报告［M］. 北京：社会科学文献出版社，2019：11.

[2] 王伯庆，马妍 . 就业蓝皮书：2019 年中国高职高专生就业报告［M］. 北京：社会科学文献出版社，2019：44.

[3] 工作与专业相关度 = 受雇全职工作并且与专业相关的毕业生人数 / 受雇全职工作的毕业生人数。

[4] 王伯庆，马妍 . 就业蓝皮书：2019 年中国高职高专生就业报告［M］. 北京：社会科学文献出版社，2019：112.

两侧都有，但矛盾的主要方面在供给侧。当供给侧的产品规格数量与市场需求不符时，结构性的产能过剩与供给不足便在所难免。高技能人才供需规格错位的背后固然有劳动力市场需求波动的问题，但矛盾的主要方面同样在供给侧。在我国以专业为绝对主导的高职人才培养与供给体系下，专业人才培养规模与结构不合理导致的供非所需无疑是一个主要因素。调查显示，之所以选择与专业无关的工作，其中 11% 的毕业生是因为“专业工作岗位招聘少”，26% 是因为“迫于现实先就业再择业”，另有 13% 是因为“达不到专业相关工作的要求”。[1]

经济学的市场供求理论告诉我们，市场具有自主调节供求平衡的作用。那么，在高职专业设置自主权已经下放，并且教育主管部门反复强调专业设置必须坚持就业导向的背景下，为什么还是会出现供需错位的问题呢？近年来，我国高职的专业调整与产业人才需求变化到底在多大程度上产生了错位，市场信号是否能够在高职专业调整中发挥出作用，这正是本书所要研究探讨的核心问题。

习近平总书记在 2015 年中央财经领导小组第 11 次会议和 2016 年亚太经合组织 APEC 工商领导人峰会上两次强调，要“加强供给侧结构性改革”。供给侧结构性改革就是要实现从生产领域加强优质供给，减少无效供给，扩大有效供给，提高供给结构适切性和灵活性，使供给体系更好适应需求结构变化。我国高技能人才供给也同样面临供给侧结构性改革的问

[1] 王伯庆，马妍．就业蓝皮书：2019 年中国高职高专生就业报告［M］．北京：社会科学文献出版社，2019：111.

题，2019 年，党中央、国务院作出高职教育新时期扩招 100 万的重大决策之后，高职教育稳就业工作将面临更加严峻的考验，推进供给侧结构性改革，提升产业服务能力的任务也变得更加急迫而艰巨。本研究将重点关注高职专业人才的供给规模及结构调整与劳动力市场需求的适切性问题，并深入剖析其影响因素，以期为我国高技能人才的供给侧改革提供更具针对性的建议。

第二节 研究意义

一、理论意义

进入 21 世纪以来，随着高等教育的大扩招和产业转型升级对高技能人才需求的快速增长，高职专业调整及结构优化问题逐渐成为政策研究的热点问题。但是由于起步较晚，对于这一问题的研究，多是基于高等教育学和制度主义的理论视角，且以经验研究为主。本研究基于经济学理论分析框架，对专业与产业、专业人才供给与劳动力市场需求关系等基本问题进行深入探讨，并采用量化方法分析专业调整与劳动力市场需求的适切性问题，实证检验劳动力市场信号对高职专业调整的影响，进一步丰富和完善我国高职专业调整的理论体系。

二、实践意义

高职专业调整不仅关系着高等职业教育服务产业发展的能力，也关系着高职院校毕业生稳就业目标及高职院校办学定位的实现。本研究将通过实证研究，科学衡量当前我国高职专业调整与劳动力需求变动的协调程度，逐步打开高职院校专业调整的“黑箱”，通过实证方法检验市场需求信号对高职院校各类专业调整的影响，找出影响市场需求信号及时、有效传导的因素。在高职扩招百万的背景下，本研究一方面可以为有关教育主管部门统筹规划、引导高职专业更好地服务产业发展提供科学的决策依据，另一方面可以为各高职院校专业调整的实践提供参考，使调整优化专业结构的各项决策措施更加有的放矢，提高专业调整的效率和效益。

第三节　核心概念界定

一、专业

专业是高等教育领域的一个常用术语，是与专业教育（professional education）紧密联系在一起的概念。教育界对于专业的定义多种多样，视角各不相同，大体可以分为两类。一种类型的定义强调了专业的分类学特征，如《现代汉语词典》将“专业”定义为“高等学校的一个系里或中等专业学校里，根据科学分工或生产部门的分工把学业分成的门类”。[1]薛天祥从“高深专门知识的教与学”这一高等教育学理论体系的逻辑起点出发，将专业定义为“根据学科分类和社会职业分工需要分门别类进行高深专门知识教与学活动的基本单元”[2]，强调了专业的“门类化”的功能属性。这一定义大体对应了 speciality 一词，强调知识分类或者行业职业分工。另一种类型的定义则强调了专业的本质内容构成，即“一种课程组织形式或课程计划”。潘懋元指出，“当代世界绝大多数高等学校从性质上看，实施的都是专门教育，即根据学术门类划分或职业门类划分，将课程组合成不同的专门化领域”。[3]在我国，这些不同的课程组合就是“专业”，大体对应了 major、field of study 或者 program 三个词，指学生主修的知识领域或者课程。上述定义多着眼于教育内部，强调专业人才培养的本质属性，即专业是高校为了实现特定人才培养目标而设计的一系列特定课程组合。

从教育外部来看，专业还具有与职业（occupation）相关的另外一重含义。人们在谈及专业时，往往指向特定的职业，比如医师、律师、法官、工程师以及其他高端服务行业的从业者等，强调这些职业的专业性或者从业者的专业性，大体对应了

---

[1] 中国社会科学院语言研究所词典编辑室．现代汉语词典［Z］．北京：商务印书馆，2013：1708.

[2] 薛天祥．高等教育学［M］．桂林：广西师范大学出版社，2001：27.

[3] 潘懋元．高等教育学［M］．福州：福建教育出版社，2007：130.

professional 一词，即这些职业要求从业者具有较高的知识、技能、素养，或者要求从业者成为某一职业的行家里手。尽管任何一个职业从业者的职业生涯都要有一个从入门到熟练的成长过程，专业教育却可以为一个劳动者提供更高效、系统的专门教育和训练，从而大大提高劳动者进入特定职业的机会，并为其专业性的进一步成长奠定基础。

从经济学角度来看，高校分专业开展人才培养源于分工及对专门化生产效率的追求，同时专业教育使得进入劳动力市场的大学毕业生具备了一定的专门知识、能力和素养，这成为凝结在不同专业毕业生身上的专用人力资本。同时，“专业”也成为毕业生在劳动力市场中供雇主筛选的重要规格标识。由于本研究关注的是专业人才培养与劳动力市场的适切性问题，故将专业定义为：高校培养各类专门人才的基本单位和基本规格标识，是保障新增高素质专门人才与劳动力市场对接的重要媒介。高校作为各类高级专门人才大规模生产的重要部门，其专业设置和结构在很大程度上影响着劳动力市场上各类专门人才供给的规格、数量和结构。

二、高职专业

高等职业教育兼具“高等性”和“职业性”，既是我国高等教育体系的重要组成部分，也是一种职业教育类型。然而与本科、研究生层次的高等教育不同，高等职业教育目前还主要定位于专科层次，“职业”属性更加突出，其人才培养定位于

"高技能人才""高等技术应用性专门人才""高素质技术技能型人才"等特殊的专门人才类型。[1]从国际范围来看，我国的高等职业教育大体相当于联合国教科文组织《国际教育标准分类》(ISCED)中的5B层次，即以技术为主的大学教育。

高职教育亦分专业开展人才培养工作，高职院校通常以专业为单位来组织教育教学资源。与欧美高校自由选课制相关的灵活课程组合有所不同，在我国，特别是高职教育领域，专业通常是一种建制化的实体，是高校人才培养的基本单位，有专门的教研室、实习实训场所等资源配置，学生也是从入学开始就严格按专业培养。对于以教学为主要使命的高职院校而言，专业不仅是其进行人才培养的基本载体和分类管理的主要依据，也是其进行内部资源配置的最重要的平台。参考关于专业的定义，笔者将高职专业定义为高职院校所培养的各类高技能专门人才的基本单位和基本规格标识。同样，由于不同的高职专业都有不同的专业人才培养规格目标，这就使得高职专业成为高等职业教育满足经济社会发展人才需求的接口，是保证人才培养适销对路的首要环节。

三、产业与行业

在经济学研究中，产业是介于微观与宏观之间的一个中观经济概念，通常是指国民经济中以社会分工为基础、在产品和

[1] 匡瑛.高等职业教育的"高等性"之惑及其当代破解[J].比较教育研究，2020(1):15-21.

劳务的生产和经营上具有某些相同特征的企业或单位及其活动的集合。[1]这种生产和经营的相同特征具体包括主要原材料的投入、生产的主要工艺过程、产品的用途等方面，并体现为某些相似性或相关性。

从分类的角度看，“产业”是一个相当模糊的概念，在英文中，“产业”“工业”“行业”都可以称“industry”。在国内政策语境中，产业和行业有时可以通用，比如汽车产业与汽车制造行业等，但行业更倾向于是一种产业细分，口径通常比产业要更窄。

四、专业结构

薛天祥认为专业结构是指专业的类型及各专业之间的组合方式。[2]要理解专业结构，必须从要素和要素之间的关系入手。林蕙青认为专业的要素包括学科专业的内涵、口径、质量等专业构成要素，而专业的关系则是包括学科专业的数量、规模、布局、衔接关系等专业间的构成状态。[3]

本研究将高职专业结构界定为高等职业教育内部各专业的构成状态，其内涵包括专业的种类、布点数量和学生的规模构成。从技术上可以体现为各类专业的种数、布点数量和学生规模之间的比例关系。

---

[1] 简新华．产业经济学［M］．武汉：武汉大学出版社，2001：1.

[2] 薛天祥．高等教育学［M］．桂林：广西师范大学出版社，2001：43.

[3] 林蕙青．高等学校学科专业结构调整研究［D］．厦门：厦门大学，2006：11.

五、专业调整

林蕙青指出专业调整就是根据社会和学科自身发展的要求，对不尽合理的专业结构进行的调整。专业调整的内容主要是专业结构中的要素和关系，其中，专业结构中要素的调整包括专业内涵规范性、专业口径、专业质量等方面的调整，而关系的调整则包括专业设置数量、布局布点、培养规模、专业间衔接等方面的调整。[1]也就是说，专业调整的是专业结构的构成要素，既包括要素，也包括要素之间的关系，而专业结构变动是专业调整的结果。

本研究中，笔者将高职专业调整定义为一定时期内高职专业结构构成状态的变动情况，主要是指内部各专业（类）构成状态的变动。从过程来看，专业调整涉及专业新增、扩招、减招、停招甚至撤销等环节；从结果来看，则包含各专业布点、专业规模、专业类型等数量变化。动态地看，教育主管部门和高职院校任何关于专业设立或变更的调整都会对专业结构产生影响。对于院校来说，专业调整可以具体分为专业进入和专业退出两种基本模式。其中，专业进入为通过新增专业点或扩招来调整专业的模式，而专业退出则为通过撤销专业点或减招、停招来调整专业的模式。

---

[1] 林蕙青．高等学校学科专业结构调整研究［D］．厦门：厦门大学，2006：12-13.

第四节　研究的主要问题

本研究重点关注我国高职专业人才培养的类型、规模、结构与劳动力市场需求的适切性，即匹配度问题，具体解决以下三个问题。

第一，高职专业调整与劳动力市场需求的适切程度到底该如何评判？这是评判专业调整是否合理的前提和基础。

第二，我国高职专业结构与劳动力市场需求整体适切性如何？高职专业人才供给与劳动力市场需求的错位在多大范围、多大程度上存在？解答这些问题，有利于更加全面、深刻地把握我国高职专业调整存在的问题及未来调整的方向。

第三，经济学的市场供求理论告诉我们，市场具有自主调节供求平衡的作用。那么，在影响高职专业调整的因素中，市场到底发挥了多大程度的作用？究竟有哪些因素影响了市场作用的发挥？只有从院校层面厘清各类影响因素，并就各类专业调整问题进行“把脉”，才能因病施治开出“良方”。唯有如此，才能真正对高职优化专业结构实现精准教育供给的改革实践有所裨益。

第五节　研究思路与框架

针对以上三个方面的问题，本研究力图揭示高职专业与劳动力市场相适应的基本逻辑，科学回答我国高职专业调整与劳动力市场适切程度的问题，并从实证角度把握影响高职专业调整与劳动力市场适切性的因素。本研究重点聚焦以下几方面的内容。

一、高职专业与劳动力市场的关联及高职专业分类

把握我国高职专业调整与劳动力市场需求适切性的问题，必须首先明确高职专业到底是如何与劳动力市场发生关联的，这将有助于对高职专业人才培养与劳动力市场人才需求的关系有更加清晰的认识。我们将从高职专业的基本属性出发，基于人力资本理论的视角，探索高职专业与劳动力市场的基本关系及新的分类，并以此为基础把握我国高职专业调整的基本特征，研判高职专业人才供给与劳动力市场需求的适切性。

二、高职专业调整与劳动力市场需求的适切性

要明确当前我国高职专业结构中存在的问题，必须要回答

高职专业结构及调整与劳动力市场人才需求的错位到底在多大范围、多大程度上存在的问题。为此，我们将在专业分类方法基础上，从供需匹配的角度，将我国高职专业供给的规模、结构及调整趋势，与同一时期我国劳动力市场高职人才需求的相应特征进行对比分析，并作出研判。

三、市场信号对于高职专业调整的影响研究

在作出我国高职各类专业调整与劳动力市场需求变动在多大范围、多大程度上存在失衡的判断后，我们将进一步探讨造成这种失衡的原因。本研究将以市场供求关系理论为指导，实证检验市场模型对我国高职专业调整的解释力以及市场信号对高职院校专业调整行为的作用。基于实证结果，我们将进一步结合典型案例深入剖析影响市场信号调节作用有效发挥的因素。

通过科学把握我国高职专业调整存在的问题及影响专业调整与劳动力市场适切性的主要因素，本研究将从教育主管部门和院校两个层面提出针对性的建议，明确进一步推进专业调整的思路，构建更加科学、有效的专业调整机制，为有关部门和高职院校提供有力的决策参考。

第二章　文献综述

国内外关于学科专业的研究成果较多，主要分散在管理、科研、教学等领域，在不少高等教育学的教材和专著中，都有专门章节介绍学科专业的基本知识。近年来，随着高等职业教育的快速发展以及对专业建设重要性认识的不断深入，学界开始重视对高等职业教育专业设置和调整领域的研究，出现了一批研究成果。其中，以关于专业建设问题的经验总结性文献居多，对于专业设置特别是专业调整的系统、深入研究并不多见。本章将结合学科专业调整的相关理论，对高校专业调整特别是高职专业调整的相关研究进行分析和综述。

第一节　相关理论综述

一、学科专业理论

学科专业理论是传统的专业发展理论，强调核心知识领域的再生产、发现与创新等在专业领域生成中的作用。学科与专业既有区别又相互联系：学科是对知识的分类，核心目标是发现知识、创新知识，其指向的是科学研究，更多地遵循着知识体系自身的发展逻辑进行划分；专业则是对课程的分类，核心目标是为社会培养各级各类专门人才，以适应社会与市场对不同层次人才的需求，其指向的是人才培养，更多按照社会职业岗位对不同类型的专门人才需求来设置。而且从发展变化来看，学科具有相对的稳定性，而专业则是相对易于变化的。专业会随着社会产业结构的调整和人才需求的变化而变化，新的专业不断涌现，而老的专业不断被更新或淘汰。[1]

同时，学科与专业是一种相辅相成、相互促进、协同共生的关系。专业与学科内在地联系在一起，学科是专业的基础，专业设置与划分必须考虑学科发展的逻辑，专业知识的整体性和逻辑性必须要有学科知识作为基础。[2]专业的发展离不开学科水平的提高，任何一个专业都有其构成这一专业知识的主干学科作为自己的支撑，人才培养的质量很大程度上取决于学科的水平。

基于学科对专业的基础支撑作用，学界发现学科对专业设置与调整存在两方面的影响。一方面，通过对知识领域和研究

---

❶ 刘海燕，曾晓虹．学科与专业、学科建设与专业建设关系辨析［J］．高等教育研究学报，2007（4）：29-31.

❷ 林蕙青．高等学校学科专业结构调整研究［D］．厦门：厦门大学，2006：8-9.

范围的拓展可以不断创造出新的专业；[1] 另一方面，基础学科因为强调理性和学术性，相对于市场经济和政府管理有一定的独立性，其相关专业设置相对稳定。[2]

学科专业理论主要从高等教育内部人才培养规律的角度，说明专业发展与学科的内在关系问题。但是专业和学科并非一一对应的关系，专业特别是应用性专业与社会分工联系十分紧密，其产生和发展主要是社会分工的结果。特别是对于以培养人才为主要任务的高等职业教育而言，与学科建设的任务相比，劳动力市场的职业变化在其专业调整中的作用显然要更加重要。另外，学科发展有其自身规律，其对专业调整的影响更多地体现为对专业种类变化的影响，难以解释高职院校短期内的专业布点及规模调整问题。

二、人力资本理论

专业对于个人的收益有着不可忽视的影响，对此，人力资本理论，特别是专用人力资本理论给出了有力的解释。人力资本理论是教育经济学的经典理论。该理论突破了传统经济学土地、资本、劳动力的“生产三要素”理论框架，将在人身上的投资作为一种资本，并且认为人力资本投资的收益要高于物力

---

[1] Cole，Jonathan R. The Great American University：Its Rise to Preeminence，Its Indispensable National Role，Why It Must be Protected［M］. New York：Public Affairs Press，2009：265–266.

[2] Abbott，Andrew. Chaos of Disciplines［M］. Chicago and London：University of Chicago Press，2001：122–125.

资本的投资收益。由于教育和培训是人力资本投资的主要途径，该理论对世界各国的教育发展产生了重要的推动作用。

人力资本是凝结在个人身上的知识、技能、健康、素养等能够创造价值的生产性要素，具有依附性、时效性和增值性等基本特点。从人力资本的可迁移性来分，人力资本通常可以分为通用性人力资本和专用性人力资本两种类型。其中，专用性人力资本是指仅对特定企业和职业岗位有价值，一旦离开特定企业和职业岗位就失去其固有价值的人力资本。比如，一个有经验的印刷工人可能积累了大量的印刷机操作经验，如果让他进入纺织行业从事机器操作，他可能生产不出任何产品，也就是说他所掌握的技能只是适用于某一类特定行业和职业岗位。加里·贝克尔（Gary S.Becker）对专用性人力资本进行了开创性的研究，是第一个提出企业通用性和企业专用性人力资本概念的学者。在新古典经济学框架下，贝克尔建立模型考察了企业通用性培训和专用性培训的费用分担问题。他认为，在劳动力市场完全竞争假设下，通用性培训所形成的技术可以实现向其他任何企业的完全转移，这一外部性使员工获得了通用性培训的全部收益，因此培训费用应由员工全部负担，企业不会承担任何相关培训费用；相反，专用性企业培训所形成的技能则只能用于培训企业，没有外部性，不能为其他企业带来任何的边际产品，培训企业是唯一受益者，因此，企业与员工会共同分担培训成本。同时，由于劳动力流动会造成部分专用性人力资本投资成本无法收回，企业通常不会轻易解雇被培训的员工，这些员工的辞职率也通常较低。[1]贝克尔对于企业专用性人力资本的研究成为专用性人力资本投资研究的基石。

20 世纪 80 年代末，随着对被替代劳动力群体[2]的研究，行业专用性人力资本概念开始被纳入劳动经济学主流。以尼尔（Neal）的《行业专用性人力资本：来自被替代劳动力的证据》为标志，行业专用性人力资本理论正式形成。[3]研究发现，在经历长期的失业之后，被替代群体再就业后的工资下降很明显，而且与在原行业再就业的劳动力相比，跨行业再就业者收入下降幅度更大。[4]劳动力跨行业转移后的工资水平与转移前的劳动力市场经验及工龄都有相关性，劳动力因为某种技能受到一些补偿，这一技能既不是完全通用的，也不是企业专用的，而是对于特定行业专用的，脱离了特定的行业就会造成人力资本的损失。行业专用性人力资本理论对于跨行业流动、行业间工资差异等问题具有一定的解释力。同样，职业也存在专用性人力资本的问题。在异质性人力资本模型的基础上，韦斯（Weiss）首先提出了技能的职业专用性概念，指出这种技能在

---

[1] ［美］加里·贝克尔. 人力资本理论：关于教育的理论和实证分析［M］. 郭虹，译. 北京：中信出版社，2007：21-29.

[2] 被替代劳动力群体，是指由于工厂关闭、雇主破产、大量裁员等原因失业，且没有被雇主重新聘用的劳动力。

[3] Derek Neal.Industry-specific Human Capital：Evidence from Displaced Workers［J］. Journal of Labor Economics，1995（4）：653-677.

[4] WJ Carrington.Wage Losses for Displaced Workers：Is It Really the Firm That Matters ?［J］. Journal of Human Resources，1993（3）：435-462；Paul M.Ong，Don Mar.Post-layoff Earnings among Semiconductor Workers［J］. Industrial and Labor Relations Review，1992（2）：366-379.

不同职业间具有有限的可转移性。[1]换句话说，职业专用性人力资本只有在某些职业领域才能被充分定价，在其他职业领域则会发生贬值。在职业工资差异和职业流动问题的研究中，职业专用性人力资本的思想有着较多体现，但是由于职业数据方面的缺失，主流经济学对于职业专用性人力资本的探讨还明显不足。

行业专用性人力资本与职业专用性人力资本有一定的共同之处，主要表现在技能的专用性和收益的长期性方面，即劳动者在行业或者职业中所积累的技能只有在特定的行业或者职业岗位上才能获得最大收益，而且具有相应人力资本的劳动力从业于某一行业或者职业的时间越长，不断积累的行业或者职业经验可以为其带来持续的收益。同时，行业专用性人力资本和职业专用性人力资本还有一定的不同。与行业专用性人力资本相比，职业专用性人力资本对外生变化的敏感度不同，在外生变化导致行业迅速衰退时，行业专用性人力资本会跟进贬值；但是在完全竞争的劳动力市场中，职业专用性人力资本可能仍然能够找到充分定价的职业岗位，工资水平并不会必然下降。这或许也和专用性人力资本的可转移性有关。相对而言，企业专用性人力资本的可转移性最差，行业专用性人力资本的可转移性相对企业专用性人力资本稍好些，但是与职业专用性人力资本相比还是差一些。在变更职业时，原来的一些职业专用性技能是可以转换至新职业的。但是这种转移的效果，与职业

---

[1] Yoram Weiss. Learnig by Doing and Occupational Specialization [J]. Journal of Economic Theory, 1971 (3): 189-198.

技能之间的相似程度有关。一般情况下，职业之间的技能越相近，职业专业性技能的转移效果越好，而职业之间的技能差异越大，转移效果越差。

人力资本理论拓展了对于劳动力错配问题的研究。部分研究者开始尝试从专业匹配角度分析专业人才培养与劳动力市场关系问题。罗布斯特（Robst）基于人力资本理论认为学生选择某个专业意味着其将投资与该专业相关的职业所需的技能，不同专业培养学生不同类型的技能，因此，专业与职业是否匹配是衡量专业人才培养与劳动力市场是否匹配的良好标准。❶萨默斯（Somers）和卡布斯（Cabus）等认为每个专业都是为一定范围的职业做准备的，工作岗位要求劳动力具有一定的专业技能，只有二者匹配才能形成高效的劳动力市场。❷由此来看，专业调整与劳动力市场的适切性问题，实际上是一个专用性人力资本供需匹配的问题。择业者选择适合职业时必须满足职业所需技能和知识，这样才能达到匹配，而大学专业正是培养这些知识和技能的。由于高职专业人才培养所具有的行业性和职业性特点，使得高职毕业生身上的专用性人力资本更加突出。专用性人力资本理论为我们更加深入地理解高职专业人才培养与劳动力市场的适切性提供了重要的理论指导。

---

❶ J Robst. Education and Job Match：The Relatedness of College Major and Work［J］. Economics of Education Review，2007，26（4）：397-407.

❷ M A Somers，S J Cabus，et al. Horizontal Mismatch between Employment and the Field of Education：Evidence from a Systematic Literature Review［J］. Journal of Economic Surveys，2019，33（2）：567-603.

三、市场供求关系理论

高职专业调整的问题实质是上高职院校面向市场组织生产的过程。经济学的供给和需求理论说明了消费者偏好是如何决定商品的消费需求，同时企业成本又是如何成为商品供给的，这为研究专业调整与劳动力市场适切性提供了基本理论分析框架。

从经济学的角度来看，社会生产的最终目的是要满足需求，而需求又具有引导供给的作用。需求总量和需求结构不同，要求社会生产提供相应数量的不同类型的产品和服务。需求结构的变动必然导致供给结构的变动，导致各生产要素在不同产业之间的重新配置。需求主要通过价格信号来引导和调节供给。在其他条件不变的情况下，需求量上升会带动价格的上升，高利润通过价格信号刺激投资者，促使其将资源、劳动力、技术转入短缺产品的生产，从而使得产品供给量增加；相反，需求量的下降带动价格下降，低利润及低价格信号会促使投资者转移资源、劳动力和技术，减少生产，该产品的供给量即出现下降。

一般均衡理论的支持者认为，在自由竞争市场中，任何一种产品的价格都会自发调整，使该产品的供给与需求达到市场均衡，即达到市场供给量和需求量相等的状态。在这个均衡价格上，消费者愿意而且能够购买的产品量正好与生产者愿意而且能够出售的产品量相平衡（见图 2–1）。在市场均衡点上，资源得到有效配置，消费者剩余和生产者剩余之和达到最大化。同样，在完全竞争的劳动力市场中，劳动力也会在价格信号的调节下不断流动，并终会使得劳动力市场的供需之间趋于均衡。

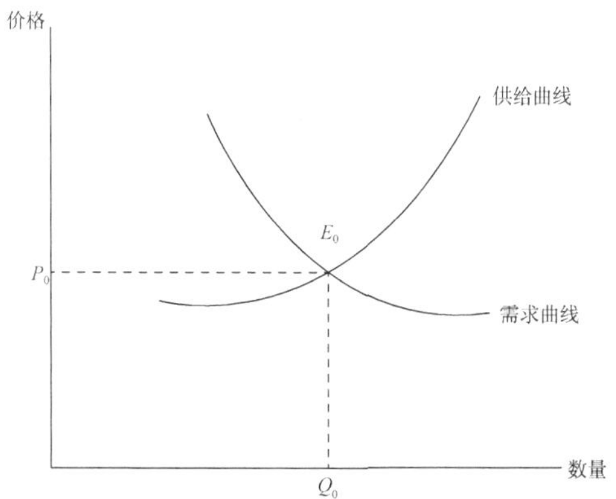

注：其中 E_0 为均衡，P_0 为均衡价格，Q_0 为均衡数量。

图 2-1　市场供求均衡基本模型

基于完全竞争市场和理性人的假设，新古典经济学边际理论对企业愿意生产多少的问题给予了很好的解释。该理论认为，收益大于成本的预期是人们行为的基本出发点，而利润最大化是企业的目标，因此，如果不考虑价格变动因素，对于一个竞争企业来说，只要边际收益大于边际成本，企业就可以通过增加产量来增加利润。同样，如果企业减少一个单位的生产，节约的成本大于失去的收益，企业就会通过减少产量来增加利润。在考虑价格变动因素之后，企业的边际成本曲线实际决定了企业在任一价格时愿意供给的产品数量。这样，边际成本曲线也就成为竞争企业的供给曲线。[1]

---

[1] ［美］曼昆．经济学原理（第 7 版）［M］．梁小民，梁砾，译．北京：北京大学出版社，2015：303.

在此基础上，经济学家进一步分析了企业的市场进入和退出决策。经济学家区分了企业暂时停止营业和企业永久性地退出市场两种情形。暂时停止营业是指由于当前的市场条件不利而在某个特定时间内不生产任何产品的短期决策。退出则是指永久性离开市场的长期决策。[1]长期决策与短期决策不同，暂时停止营业的企业仍然必须支付固定成本，而退出市场的企业既不需要支付可变成本，又不需要支付固定成本。短期来看，在选择是否生产时，企业会对一个单位产品所得到的价格与生产这一单位产品必定引起的平均可变成本进行比较。如果生产能得到的收益小于生产的可变成本，价格没有弥补平均可变成本，企业会停止生产。在这种情况下，企业将损失一些固定成本，但如果继续营业，损失的钱会更多。如果将来条件发生改变，当价格高于平均可变成本时，则企业就会恢复生产。但从长期来看，如果企业从生产中得到的收益少于总成本，或者说产品的价格低于生产的平均总成本，企业就会退出市场。相反，则会进入市场。

一般均衡理论是一个逻辑严密的体系，但是其完全自由竞争的假设饱受质疑。由于现实经济中，市场是不完善的，信息是不充分的，因此，与市场出清相比，非均衡反而是一种常态。20世纪30年代爆发的世界经济危机更是打破了市场自动调整的神话，非均衡经济理论此后得到快速发展。凯恩斯（Keynes）在他的《就业、利息和货币通论》中提出：在劳动

---

[1] ［美］曼昆．经济学原理（第7版）［M］．梁小民，梁砾，译．北京：北京大学出版社，2015：304-307.

市场上存在非自愿失业，这表明至少有一个市场是处于供求不等的非均衡状态；市场调节不仅通过价格来进行，数量调节也同样重要。他认为市场中的交易者不仅对价格信号有反应，对数量信号和收入水平信号也有反应。[1] 贝纳西（Benassy）等进一步发展完善了非均衡理论。[2] 与一般均衡理论不同，非均衡理论所研究的是有效需求，它不仅研究市场价格信号，而且研究与资源配置相关的资源配额、信贷指标、产出数量、进出口限额等数量信号。由于非均衡理论认为市场经济不能有效调节供给与需求，市场供求非均衡是一种常态，这事实上就为政府根据不同的非均衡状态施以不同的干预政策提供了理论依据。

哈佛学派的 SCP 分析框架则进一步规范了产业组织的理论体系。该学派以新古典经济学的价格理论为基础，构造了一个具有系统逻辑体系的市场结构（Structure）—市场行为（Conduct）—市场绩效（Performance）的理论框架对产业组织进行研究，即 SCP 分析框架。SCP 分析框架着重突出市场结构的作用，将市场结构看作市场行为和市场绩效的决定因素。其中，市场结构决定企业在市场中的行为，企业行为又决定市场运行的经济绩效。在该学派支持者看来，要想获得理想的市场绩效，必须通过公共政策来调整和改善不合理的市场结构。

SCP 分析框架下的市场结构，是指对市场内竞争程度以及价格形成等产生战略性影响的市场组织特征。其中，寡头市

---

[1] J M Keynes.The General Theory of Employment，Interest and Money［M］.New York：Palgrave Macmillan，1936.

[2] J P Benassy.The Economics of Market Disequilibrium［M］.New York：Academic Press, 1982.

场、垄断市场与完全竞争市场是三种典型的市场结构。市场集中程度、产品差异化程度，以及进入和退出市场壁垒的高低等是决定市场结构的重要因素。市场集中度是指某个特定产业或市场中生产者或消费者的数量以及相对市场规模分布，人们可以以此把握市场的竞争状态。产品差异化是指在同一产业内，不同生产者所供给的同类产品在质量、款式、售后服务、广告等方面的差异，从而导致产品间不能实现完全替代的状况。进入和退出壁垒则分别是指阻止生产者进入或退出某个特定产业的不利因素或障碍。贝恩（Bain）认为形成进入壁垒的主要原因是规模经济性、进入时的最低必要资本量、产品差异化和绝对费用等。[1]退出壁垒的存在是由于资产专用性、沉没成本、解雇员工费用以及政策法律的限制等。分析市场进入和退出壁垒，主要是从新生产者进入市场的角度考察产业内原有生产者和准备进入的新生产者之间的竞争关系，并最终从市场结构的调整和变化中得以反映。

学界最早关注专业调整的“市场模型”，源于20世纪90年代专业调整传统学科专业理论所受到的严峻挑战。恩格尔（Engell）和丹格菲尔德（Dangerfield）首次提出“市场模型”的概念，强调专业决策者会监测市场信号，并将其转换成新的课程和专业。[2]加波特（Gumport）认为，这是一种新的“组织逻辑”，“学生被视作消费者而不是一个校园群体，管理者的主

---

[1] ［美］J.S. 贝恩 . 产业组织［M］. 丸善，译 . 北京：中国人民大学出版社，1981：141–148.

[2] James Engell，Anthony Dangerfield. The Market–model University：Humanities in the Age of Money［J］. Harvard Magazine，1998（3）：48–55.

要职责就是去解读市场……并根据市场来配置资源”。❶ 这一模型“之所以新……金钱的原始力量对高等教育的各个方面施加了直接的影响”。❷

约瑟夫・本－戴维德（Joseph Ben-David）最早关注到市场竞争与专业创新的关系。他发现1900年时美国和德国专业是相当的，但到20世纪30年代，美国的专业明显变多。他认为这是由于美国的体制结构与欧洲不同造成的，即美国大学不是政府垄断的。这种大学系统由独立的高校个体构成，每个个体都要竞争师资、生源、社区善意、财政资源和声誉，因此对外界关于“非正统”学习课程的需求反应也更积极。他进一步指出是竞争促进了商科、教育、社会工作和农业等尚未确立、低知识密集且更为实用的专业领域的发展。❸ 迪尔（Dill）等则第一次从经济学的视角对专业多样化问题进行了专门探讨。他们认为，利用市场竞争的手段作为政策工具来实现多样化是微观经济学的经典假设，从公共政策的角度来看经济学是解释专业多样化最为重要的视角。❹ 他们借用经济学关于组织创新和市场结构等的分析框架来探讨专业多样化的基本概念和影响因素问题，对专业多样化定义更加宽泛：不仅指专业种类的多样

❶ Gumport，Patricia J. Universities and Knowledge：Restructuring the City of Intellect［A］//Steven Brint. In The Future of the City of Intellect：The Changing American University. Stanford：Stanford University Press，2002：47-81.

❷ Aronowitz，Stanley. The Knowledge Factory：Dismantling the Corporate University and Creating True Higher Learning［M］. Boston：Beacon Press，2000.

❸ Joseph Ben-David.American Higher Education ：Directions Old and New［M］. New York：MeGraw-Hill，1972.

❹ David D Dill，Pedro Teixeira.Program Diversity in Higher Education：An Economic Perspective［J］.Higher Education Policy，2000，13（2）：99-117.

化，还包括专业的学位层次、专业指向（理论/应用、研究型/职业）、专业质量及专业授课形式的多样。专业多样化的影响因素包括市场竞争程度、需求变化、独占性等。市场模式支持者在生物医学、计算机技术和商科等市场应用价值和资助不断增加的专业领域进行了大量的个案研究[1]，但都没有将市场模型中所蕴含的各种市场信号进行分解，并进一步深入研究各种市场信号与大范围专业调整的关系。本研究将依据我国高职院校所面临的独特市场环境，对各种市场信号进行分解，并重点研究劳动力市场信号对专业调整的影响。

四、制度主义理论

制度主义理论对现代组织多样化问题提出了新的解释框架。合法性机制是制度主义理论的一个重要概念。合法性机制是诱使或迫使组织采纳在外部环境中具有合法性的组织结构或做法的一种制度力量。[2]在制度主义的理论范式中，合法性机制不仅指法律制度的作用，还包括文化制度、观念制度、社会期待等制度环境对组织行为的影响。其基本思想是：社会的法律制度、文化期待、观念制度等所有被人们广为接受的社会事实，具有强大的约束力量，规范着人们的行为。[3]马克斯·韦伯（Max

---

[1] James Engell，Anthony Dangerfield. Saving Higher Education in the Age of Money［M］. Charlottesville，VA：University of Virginia Press，2005.

[2] 周雪光 . 组织社会学十讲［M］. 北京：社会科学文献出版社，2013：78.

[3] 陈宏图 . 制度分析视角下我国高职人才培养模式研究［D］. 长沙：湖南大学，2010：14.

Weber）是最早注意到合法性在社会生活中具有重要地位的社会理论家之一。他认为，在合法性秩序中存在的信念是行动的模型，是“决定行动模式的公理和准则等”，包括行动者自己也认为，“他们在某些方面必须或可以仿效”这些模型。❶

合法性对于组织的生存有重要影响。在制度主义者看来，组织作为更大社会系统中的子系统，通常需要遵守规范性要求才能确保其目标符合更广泛的社会价值观，以获得生存所需的合法性与资源。如果组织行为有悖于“社会事实”，就可能会出现合法性危机，给组织发展带来极大困难，而那些获得合法性的组织更有可能生存下来。正因如此，梅耶（Meyer）和布莱恩（Brian）认为，“组织往往与其生产绩效无关，组织存在于高度复杂的制度环境之中，逐渐与其制度环境同形”。❷也就是说，组织所采用的结构形式往往是在某种特定制度环境中合法的结构形式。

迪马吉奥（Dimaggio）等进一步提出了强制性同构、规范性同构和模仿性同构三种同构机制。他们认为，环境的不确定性诱导了模仿行为。尽管组织面临各种制度要求的影响并受其塑造，但各种制度系统具有复杂性，其对组织会产生不同效果。同时，组织对于制度环境的适应性反应也会因自身特征、

---

❶ Max Weber .The Theory of Social and Economic Organizations［M］. Glencoe，IL：Free Press，1997.

❷ Jonn W.Meyer，Brian Rowan .Institutionalized Organizations：Formal Structure as Myth and Ceremony［J］. American Journal of Sociology，1977：340.

承受压力大小及在场域中位置等而存在差异。[1]

制度主义理论的进展给关于高校专业多样化的研究带来了启示。哈斯曼（Huisman）等[2]和米克（Meek）等[3]将模仿性的同构化看作专业多样化的重要制约因素，认为机构会轻而易举地通过复制领先机构开发的专业来获得声誉，而不去费力开发真正的新专业。高职院校的专业调整行为，特别是新设专业的进入行为，在某种意义上也是学校寻求专业多样化和实现组织创新的过程，因而制度主义的合法性机制也是审视我国高职院校专业调整一个的重要维度。

第二节 专业的分类与测量

一、专业分类方法

从高等教育领域来看，随着经济社会、科学技术和高等教育的发展，大学教育已经成为由多种人才培养类型组成的教育

---

❶ Dimaggio, J Paul, Powell, W Walter.The Iron Cage Revisited: Institutioinal Isomorphism and Collective Rationality Anizational Fields [J]. American Sociological Review, 1983 (48): 147-160.

❷ J Huisman, CC Morphew. Centralization and Diversity: Evaluating the Effects of Government Policies in the U.S.A. and Dutch Higher Education [J]. Higher Education Policy, 1998, 11 (1): 3-13.

❸ VL Meek, FQ Wood. Managing Higher Education Diversity in a Climate of Public Sector Reform [M]. Canberra: Department of Employment, Education, Training and Youth Affairs, 1998.

体系，专业也变得更加复杂多样。为满足专业管理和专业建设等需要，人们通常需要对专业进行分类。从我国当前专业分类的实践来看，人们习惯于依据学科和管理逻辑对专业进行分类。另外，研究者也根据不同的研究需要对专业进行了更加多样化的分类。

（一）基于学科逻辑的分类

专业教育必须以一定的学科知识为基础，正因如此，基于大学专业教育知识传授的本质特征，可以将专业按照学科及属性进行划分。按照这一逻辑，通常可以将专业作出如下分类。

（1）按学科知识领域分类。现代科学不断分化为具有不同研究对象、内容及方法的多种学科知识门类，并走向专门化和精细化。学科分类体现了专业的学科知识领域的差异。我国高等学校本科教育专业就是按学科门类、学科大类（一级学科）、专业（二级学科）三个层次来设置，本科专业按学科门类归为哲学、经济学、法学、文学、历史学、教育学、理学、工学、农学、医学、管理学和艺术学等12大门类，门类下按一级学科设专业类。按学科研究对象的指向不同，又可以分为自然科学学科专业和人文社会科学学科专业，也习惯地称作理工农医类专业和人文社科类专业。其中，理工农医类专业指向对于自然现象、技术现象等外在客观世界的认识和知识的应用，而人文社科类专业则指向对于人和社会自身的认识和知识的应用。

（2）按学科的实用性分，专业可以分为基础学科专业和应用学科专业。基础学科专业以学科知识本身为研究对象，注重对原理、原因的探寻，如数学、物理、化学、哲学和历史等专业。这类专业人才培养偏学术性，难以产生直接经济效益。但是这类专业的人才培养符合国家的长远利益，特别是重大科学进展依赖于基础学科的重大突破，必须有一定的人才储备。应用学科专业则以解决工程实践问题或者社会实践问题为研究对象，比如，工商管理、财会金融、贸易、旅游、计算机科学技术、临床医学等专业，其人才培养更偏重应用性和技术性，可以直接转化为经济效益，毕业生就业情况较好，容易成为热门专业。

（3）按学科覆盖范围，可以分为单一学科专业与跨学科专业或交叉学科专业。跨学科（Interdisciplinary，亦译为“交叉学科”）专业指的是超越一个单一的学科边界而进行的涉及两个或两个以上学科的知识创造与应用的专业。传统大学专业教育进行的是一种纵深式的教育，其内容是探究某一学科自身的客观规律，研究方向是线性式的，教育目标是培养某一学科领域的专门人才。而跨学科专业进行的是一种横向式的教育，是在相关、相近学科中寻找共同点或矛盾统一点，强调学生具备用多视角思考和处理问题的知识基础和较强的创新能力。[1]跨学科专业的人才培养适应了当今社会问题复杂化、知识应用综合化及创新要求高等新的情况，正受到越来越多的重视。

[1] 钱佩忠，李俊杰．高校跨学科教育组织的建立及其运行［J］．浙江工业大学学报（社会科学版），2005（2）：166-169.

（二）基于管理逻辑的分类

专业也是高校资源配置的基本单元，任何人才培养活动都要消耗资源。资源的稀缺性与人才培养对资源需求的无限性的矛盾，要求高校集中有限的资源开展最有效的专业建设。因此，专业调整就成为高校管理的重要手段。从学校管理实践来看，人们通常会基于宏观管理、资源分配和社会需求的现实需要，对专业进行更加灵活的划分。

（1）借鉴产品和产业生命周期理论，教育界有学者提出了专业生命周期专业管理模式。他们认为高职院校专业也有自己的生命周期，具体可分为初创、成长、成熟和衰退四个阶段。基于这一理论，高职院校可依据专业设置时间、专业市场需求、专业发展基础、专业办学社会效益等鉴别出初创专业、成长专业、成熟专业和衰退专业四种类型的专业[1]，并采用不同的管理策略，以适应其生命阶段的特点。

（2）同样在生命周期理论的指导下，在专业管理领域产生了长短线专业建设的理论。长线专业是指设置生命持久、前景较好、竞争力强、能满足劳动市场长期需求的专业。长线专业通常学制、培养目标和教学计划稳定，教学设施、实训实习基地等条件设施完备，具有投资大而收益时间长等特点。短线专业一般是根据社会发展的某一特定阶段，或围绕区域经济的临时重大项目开设的一些急需的专业，具有针对性强、投资低、

[1] 盖馥．生命周期理论对高职院校专业建设管理的启示［J］．北京教育学院学报，2014（4）：61.

见效快、生命周期短的特点，通常采取定向培养的形式。

（3）根据专业出现和持续的时间，可以分为传统专业和新兴专业。传统专业是指经过长期的办学实践，社会需求比较稳定的专业，如汉语言文学等。新兴专业是指近些年随着社会发展和科技进展而逐渐兴起的专业，如葡萄与葡萄酒工程、物流管理、物联网工程、对外汉语等。

（4）按照专业的办学实力和声誉，可以分为优势专业、特色专业及一般专业。其中优势专业，主要是指“师资力量强、办学条件优、教育质量高、社会声誉好、毕业生深受用人单位青睐”的专业；特色专业，主要是指“专业特色鲜明、社会需求旺盛、在推动区域经济社会发展中能起重要作用”的专业。这两类专业分别体现了学校的办学实力和办学特色，在学校转型发展和人才培养中起到引领示范作用，通常被称为“旗帜性专业”或“标识性专业”。而除此之外的一般专业，也通常被业内称为“大路货专业”，甚至是“水专业”。

（5）按照专业受学生和家长的欢迎程度，可以分为热门专业和冷门专业。热门专业通常是指在当年招生报考阶段，学生报考比较踊跃的专业；冷门专业则相反。热门专业通常是就业前景被学生和家长看好的专业，比如近年兴起的无人机专业等。

可以看出，在实践中，专业的划分标准多种多样，不同的专业分类具有一定的相对性，存在一定的交叉和重叠。如基础学科专业也可能孕育分化出新的应用学科专业。优势专业和特色专业既可能是基础学科专业也可能是应用学科专业。传统专业经过改造可能会演变成为新兴专业等。高等职业教育具有高等教育的特征，高职专业必须以一定的学科知识作为基础，同样也需要考虑专业建设和资源配置的问题，这就使得学科知识逻辑和管理逻辑的分类方法在进行高职专业分类时也均适用。

（三）基于研究需要的分类

研究专业调整首先需要明确专业类型。研究者通常会对专业按照一定的标准和口径进行重新归类，以全面地把握专业调整的特征。

比格兰（Biglan）对学科领域的划分问题进行了独创性的研究，打破了传统的按知识领域分类的思维方式。1973 年，在其发表的论文中，比格兰基于经验研究，按照“硬科学”（hard）和“软科学”（soft）、“应用科学”（applied）和“纯科学”（pure）、“生命系统”（life system）和“非生命系统”（non-life system）三个维度将学术领域划分为 8 个学科群落，分别是硬的—非生命的—纯科学学科、硬的—非生命的—应用科学学科、硬的—生命的—纯科学学科、硬的—生命的—应用科学学科、软的—非生命的—纯科学学科、软的—非生命的—应用科学学科、软的—生命的—纯科学学科、软的—生命的—应用科学学科（见表 2-1）。学术界将这一分类称为“比格兰模型”（The Biglan Model）。比格兰模型在高等教育领域得到广泛的应用，因为这一模型抓住了与学科认知方式最相关的学术主要特征，使不同学科间的区别系统化。

表 2-1 比格兰模型学科领域分类[1]

学术工作领域	硬科学		软科学	
	非生命系统	生命系统	非生命系统	生命系统
纯科学	数学、物理学、化学、天文学等	生理学、昆虫学、动物学、植物学等	语言学、历史学等	人类学、心理学、社会学、政治科学等
应用科学	计算机科学、机械工程学、土木工程学等	农学、医学等	经济学、金融学等	教育学等

在学科分类的基础上，研究者根据研究需要，对专业进行了更加灵活的分类。克莱格・M. 罗林斯（Craig M.Rawlings）从制度主义理论视角出发，为了区别专业的合法性程度，借鉴比格兰专业分类方法，进一步将专业按纯学术与应用、高范式与低范式两个潜在的维度，将专业分为职业 / 专业（应用 + 低范式）、技术（应用 + 高范式）、人文和社会科学（学术 + 低范式）及自然科学（学术 + 高范式）四大类（见表 2-2）。[2] 其中学术维度与专业合法性高度相关，而将范式维度与学术维度相结合则提供了更为细致的刻画。

[1] Ronald W. Roskens. Implicationsof Biglan Model Research for the Process of Faculty Advancement［J］. Research in Higher Education，1983，18（3）：285–296.

[2] Craig M.Rawlings.Reproducing Organizational Status Orders：Academic Program Differentiation in U.S Colleges and Universities，1970–1990［J］. Academy of Management Annual Meeting Proceedings，2013（1）：17460–17486.

表 2-2　克莱格·M. 罗林斯两维专业分类

专业类别	包含专业举例
职业 / 专业	财会、成人教育、广告、应用数学、建筑、城市规划、牙医、教育、健康管理、家庭经济、人力资源管理、护理、药剂、新闻、投资与保险、视觉艺术等
技术	航空、农业工程、计算机工程、电气工程、海洋工程、核工程、食品科学、环境工程、机械工程、材料工程、森林生产技术、化学工程等
人文和社会科学	美国研究、戏剧、财政、外国语言、人类学、工业和组织心理学、考古学、人口学、地理学、历史、心理学、宗教研究、公共卫生等
自然科学	分析化学、分类学、生物化学、生态学、数学、数学统计、地质学、神经科学、物理学、核物理、动物学等

史蒂文·布仑特（Steven Brint）等按照专业在高校中开设的广度变化对专业进行了分类。他们通过对美国高校 1970—2006 年专业调整的统计分析，发现了 22 个衰退的专业领域，包括 10 个“核心领域”专业，5 个“大众领域”专业和 7 个“利基领域”专业。[1]

我国学者大多使用学科分类体系，主要基于知识本位的逻辑对专业进行分类。该分类方法更多地体现专业学科知识研究领域的差异，但并不能很好地反映具有知识、能力、素养等人

[1] Steven Brint，Kristopher Proctor，Kerry Mulligan，et al.Declining Academic Fieldsin U.S. Four-Year Colleges and Universities，1970–2006［J］.Journal of Higher Education，2012（4）：582–613.

才培养规格方面的差异。同时，基于学科的专业分类方法忽视了专业与职业的关联，强化了教育主管部门和高校从学科本位出发来考虑专业建设的倾向，间接造成专业的课程体系、教学内容、教学方法以及毕业论文等人才培养环节以传授知识、验证知识为主，而对学生就业能力和职业素养的训练不够的问题，进而影响毕业生的职业适应能力。为了更好地把握高职专业调整与劳动力市场的适切性，部分学者依据高职专业人才培养与产业关系更加紧密的特点，开始探索新的专业分类方法，其中，三次产业分类法是研究高职专业与产业适切性时最常用的专业分类方法。如李雯（2013）[1]、梁婕（2018）[2]、付雪凌（2020）[3]等，均按照所服务的产业将专业分为一产专业、二产专业和三产专业。三次产业分类法是一种口径相对较宽的分类方法，在一定程度上影响了研究结果对实践的指导价值。为此，本研究需要摆脱传统的学科分类思路，从高职专业的特性及其与劳动力市场关联的基本逻辑出发，探索更窄口径的专业分类方法。

---

❶ 李雯．北京高职院校专业结构与产业结构的协调发展研究［J］．职业技术教育，2013（6）：16–18.

❷ 梁婕．广州市属高职院校专业设置与区域产业适应性研究［D］．广州：广东技术师范学院，2018：12–24.

❸ 付雪凌．变革与创新：扩招背景下高等职业教育的应对［J］．华东师范大学学报（教育科学版），2020（1）：24–25.

二、专业调整的测量

我国研究者多在专业分类的基础上，通过测量专业种类、布点和学生规模的变化来直接考察院校、区域或者国家层面的专业调整情况。除了可直接观察的专业调整，越来越多的学者也关注到由于专业份额变动所造成的相对调整，如克莱格·M. 罗林斯以大学在某一领域所提供的专业比例作为专业调整的变量。[1] 史蒂文·布仑特等研究者对于进入者与退出者特征的研究则以专业开设广度的变化作为衡量标准来对相当长时段内的专业调整进行测量，进而识别出有关专业的进入者与退出者。[2] 社会科学研究者通常把专业广度的变化分为绝对兴起 / 衰退和相对兴起 / 衰退几种情形。绝对兴起 / 衰退，可以直接测量，如果报告期的专业开设院校多于基期的专业开设院校数为兴起专业；相反，则为衰退专业。而相对兴起 / 衰退，则是一个相对弹性的概念。其中，相对衰退是某一类专业在报告期开设院校数多于基期，但如果该时期院校数量增长速度快于专业布点增长速度，那么就会出现专业布点的相对下降，这类专业即为相对衰退专业。相反，则为相对兴起专业。

---

[1] Craig M.Rawlings. Reproducing Organizational Status Orders: Academic Program Differentiation in U.S Colleges and Universities, 1970–1990［J］.Academy of Management Annual Meeting Proceedings, 2013（1）: 17460–17486.

[2] Steven Brint, Kristopher Proctor, Robert A. Hanneman, et al.Who Are the Early Adopters of New Academic Fields? Comparing Four Perspectives on the Institutionalization of Degree Granting Programs in US Four-year Colleges and Universities, 1970 - 2005［J］.Higher Education, 2011, 61（5）: 563–585.

史蒂文·布仑特等对1970—2005年美国衰退的专业领域的研究中，按照院校的开设广度，将专业领域分为开设率在50%以上的“核心领域”，开设率在20%—50%的“大众领域”和开设率在5%—20%的“利基领域”三大类别。他们在对1970—2005年美国兴起专业领域的早期进入者特征的研究中，将高速增长的专业分为两类：新确立的专业和新兴专业，其中新确立专业被界定为在基期院校开设率不足20%，但到了报告期达到20%以上，院校开设率至少增加10%的专业；新兴专业则被界定为在观测期内院校开设率增加至少10%，但是到报告期院校开设率仍不足20%的专业。他们进一步将在1970年时开设相关专业而到2006年时该专业已经撤销的学校视为退出者，将最早在新确立的专业和新兴专业授予学位的前20%的院校定义为早期进入者。其中前20%的门槛标准设定主要是基于兴起专业开设的实际情况和保证统计功效的需要。

可以看出，专业种类、布点及规模的数量的变化是一种显性调整，而专业种类、布点以及学生规模的比例变化特别是相对变化则是一种相对隐性的调整。在对我国高职专业调整的趋势和特征进行把握时，我们需要同时关注这两种类型的调整。本研究将通过测量专业种类、布点和学生规模的数量变化直接考察高职专业的绝对调整情况；同时，通过测量专业种类、布点以及学生规模的比例变化来考察相对调整情况。对于高职院校层面的专业进入与专业退出两种行为的测量，也主要将从绝对调整和相对调整两个维度来进行识别。需要重点注意的是，由于高职院校内部专业招生规模比例等的变化具有相对性，需要我们综合考虑统计功效等因素对专业进入与退出的标准进行设定。

第三节　专业结构与产业结构适切性研究

郝克明、汪永铨是较早关注我国高等教育结构问题的学者，在其共同编著的学术著作《中国高等教育结构研究》中，比较详细地调查了我国经济社会发展中，不同工作岗位对专门人才的知识和技能数量、结构需求的变化情况，为高校学科专业结构的设置与调整提供了依据。[1]之后，徐军、曹方、陈超等学者都定性论证了高等教育结构与产业结构的关系，认为学科科类和专业结构是一定产业结构的直接反映，产业结构决定了教育的专业与学科结构。[2]最近几年，学界开始出现一些对高等教育学科专业结构与产业结构适切性的定量分析。乔学斌等对江苏省 2003—2011 年的高等教育结构和产业结构做了灰色关联度的分析，并从适应产业需求的角度对各个学科专业如何改造提出

[1] 郝克明，汪永铨.中国高等教育结构研究［M］.北京：人民教育出版社，1987.

[2] 徐军，曹方.教育结构影响因素探析［J］.高教论坛，2005（2）：7-11；陈超.产业结构现代化与高教结构改革：发达国家的经验及对我们的启示［J］.比较教育研究，2001（9）：41-47.

了具体的措施。[1]赵子鑫采用多元典型相关分析的方法对我国学科专业结构与产业结构、人口就业结构的关系的研究发现，高等教育学科专业结构与产业结构、人口就业结构具有整体显著相关性。[2]崔永涛采用动态分布滞后模型对我国高等教育学科结构与产业结构之间的长期关系进行了研究，结果显示文学学科招生比例变化与产业就业结构的变化不协调，经济学学科与产业就业结构变化相适应，其他学科与产业就业结构变化则存在显著的长期均衡关系。基于此结果，他认为法学、教育学、理学、工学、医学等学科需要增加招生比重，而哲学、历史学、农学等学科则需要降低招生比例。[3]

进入 21 世纪以后，随着高等职业教育快速发展和区域经济产业发展对高素质技术技能型人才需求的不断增大，如何优化专业结构，提升高职专业结构与产业结构的匹配度，提升高职专业服务产业发展能力，成为各级教育主管部门和高职院校共同面临的一个重要课题。很多学者也都从产业结构适切性的角度对高职专业结构调整问题进行了研究。其中一些学者分别对北京、天津、浙江、江苏、黑龙江、湖南、广东、陕西、吉

---

❶ 乔学斌，姚文凡，赵丁海．互动与共变：高等教育结构、毕业生就业结构与产业结构相关性研究［J］．东南大学学报（哲学社会科学版），2013（4）：122-126.

❷ 赵子鑫．我国高等教育学科结构规模调整研究——基于产业结构、人口就业结构的演化［D］．兰州：兰州大学，2016：19-32.

❸ 崔永涛．我国高等教育学科结构优化调整研究——基于产业结构调整的视角［J］．教育发展研究，2015（17）：8-14.

林、湖北等进行了省、直辖市层面的研究，❶一些学者分别对常州、宁波、无锡、昆山、温州等城市进行了市域层面的研究。❷此外，还有学者对广州城市职业学院、江苏信息职业技术学院、东莞职业技术学院等院校进行了院校层面的研究。❸这些研究均发现了不同程度的专业结构与产业结构错位的问题。比如，李丹丹的研究指出，高职院校布局结构与劳动力市场人才就业流向不适应，高职专业结构与产业结构不协调；❹梁婕对三次产业与毕业生就业结构的比较发现，第三产业相关专业计划招生数的比例高于劳动力市场第三产业从业人员所占比例；❺付

---

❶ 李雯．北京高职院校专业结构与产业结构的协调发展研究［J］．职业技术教育，2013（6）：16–18；蒋德喜．高职专业结构与产业结构适应性研究——以湖南省为例［J］．职业技术教育，2007（4）：23–26；章建新．产业转型升级背景下天津市高职专业结构分析［J］．职业技术教育，2012（14）：18–20；蔡建平，沈陆娟．基于量化评价的高职教育与区域产业集群协调发展研究——以浙江省为例［J］．中国职业技术教育，2016（15）：22–26；陈婧．广东省产业结构调整下的高职专业结构优化研究［J］．现代教育论丛，2014（6）：90–96；王哲．吉林省产业结构调整对高职专业结构设置的需求及应对策略［J］．职业技术教育，2014（11）：13–15；王进富，张爱香，吕燕．高职专业结构与区域产业结构适应性研究——以陕西省为例［J］．职业技术教育（教科版），2006（1）：33–35；董宾芳，宋萌博，牛志宏．湖北高职院校专业结构与产业结构的适应性［J］．武汉职业技术学院学报，2015（6）：23–27.

❷ 张志宏，应元涨，林成堂．温州市高职专业结构与区域产业结构的对接研究［J］．温州职业技术学院学报，2011（3）：16–19；张宏，陆英．苏南地区高职院校专业设置与区域产业结构吻合度研究——以昆山市为例［J］．高等农业教育，2015（10）：99–104.

❸ 李艳娥，吴勇．高职专业结构与区域产业结构适应性研究——以广州城市职业学院为例［J］．广州市经济管理干部学院学报，2007（4）：52–56.

❹ 李丹丹．高职教育发展与劳动力市场需求适应性研究——以江西省为例［D］．南昌：江西农业大学，2018：10–21.

❺ 梁婕．广州市属高职院校专业设置与区域产业适应性研究［D］．广州：广东技术师范学院，2018：12–24.

雪凌研究的数据也显示，第三产业相关专业高职毕业生比例超过 70%，远超第三产业就业人员 46.3% 的比例。[1]

从具体研究方法上来看，主要有以下几种类型。

（1）对比分析产业 GDP 与各类专业招生、布点数占比。如李雯通过三次产业 GDP 占比与专业招生人数和专业点数占比的对比分析，发现北京高等职业教育专业结构与产业结构整体上基本相符，专业结构和北京三次产业结构大体一致，但从比例来看，三产专业规模发展超前，而二产专业所占比例偏小。[2]

（2）对比分析产业从业人员与专业招生、布点数占比。如董宾芳、宋萌博、牛志宏将 2013 年三次产业从业人口与相关产业专业布点数和招生人数进行对照比较，发现湖北省三次产业是一种“一三二”的从业人口结构，而专业布点数和招生人数呈现出“三二一”的结构特征，认为在第一产业从业人数比例与招生人数比例差距大，一产专业布点与第一产业适切性差。[3]

（3）对比分析产业劳动力需求结构与专业布点、招生数占比等。王哲利用吉林省人力资源市场供求信息统计数据，获得了三次产业劳动力需求占比数据，认为吉林省一味地增多三产

[1] 付雪凌 . 变革与创新：扩招背景下高等职业教育的应对［J］. 华东师范大学学报（教育科学版），2020（1）：24–25.

[2] 李雯 . 北京高职院校专业结构与产业结构的协调发展研究［J］. 职业技术教育，2013（6）：16–18.

[3] 董宾芳，宋萌博，牛志宏 . 湖北高职院校专业结构与产业结构的适应性［J］. 武汉职业技术学院学报，2015（6）：23–27.

专业设置，扩大招生规模是不合理的。[1]

（4）对比分析各类专业的就业率或对口就业率。郝福锦、蔡瑞林利用毕业生就业率、毕业生对口就业率分析了常州高职教育园区 5 所高职院校专业设置与常州产业结构的吻合程度，认为毕业生就业率和对口就业率低则意味着专业结构与产业结构的吻合度差。[2]

针对高职专业结构与产业结构适切性较差的问题，部分研究者进一步剖析了我国在高职专业设置和调整方面存在的突出问题。研究者普遍关注到当前我国某些高职院校专业设置中存在专业同质化、追求“大而全”、热衷举办三产专业、专业变化频繁、争办热门专业等现象。[3] 谭英芝对 28 所示范性高职院校专业设置情况进行统计发现，尽管它们在所处地理位置、办学理念、办学条件、管理体制、管理方式等方面各不相同，但其专业设置基本一致，其中专业的人才培养目标、课程开设等主要方面都存在“同质化”倾向。[4] 刘虎指出在追求招生规模的背景下，许多高职院校不顾自身办学历史与现实条

[1] 王哲．吉林省产业结构调整对高职专业结构设置的需求及应对策略［J］．职业技术教育，2014（11）：13.

[2] 郝福锦，蔡瑞林．高职院校专业设置与产业结构吻合度实证研究——以常州市为例［J］．常州信息职业技术学院学报，2012（4）：7-10.

[3] 王全旺．区域高职教育发展之劳动力市场适切性研究［M］．北京：人民日报出版社，2015：97；梁建军．高职院校专业建设研究与实践［M］．合肥：中国科学技术大学出版社，2012：15-17；张龙．高职教育专业设置与建设适应区域经济发展的理性思考［J］．教育与职业，2010（35）：12；陈志新．宁夏高职院校专业设置调整的思考［J］．中国职业技术教育，2011（4）：47-51.

[4] 谭英芝．高职院校专业设置“同质化”的危害及应对策略［J］．江苏技术师范学院学报，2009（2）：43.

件，纷纷追求“大而全”，追求学校专业数量的增长和专业覆盖面的广泛。同时，他也指出了高职院校在新专业设置方面存在盲目性问题，“只要是报考人数多、社会热门的专业就匆忙上马”，“哪个专业投入少就开设哪个专业”，有些院校“在新专业设置时并不考虑学校是否有足够的合格的师资力量、实训设备”。❶谢勇旗则进一步指出了我国高职专业设置存在的名称不够规范、结构不尽合理、超前力度较小、个别专业规模过小等问题。他将产生这些问题的根源总结为宏观指导乏力、办学经费不足、办学观念滞后、缺乏理论指导和市场导向过重五个方面。❷黄宏伟从满足市场需求的角度指出我国高职专业建设中还存在诸如专业设置不适应市场需求的变化，专业建设目标与行业企业人才需求目标不匹配，具体院校专业设置不够科学，专业建设功能错位等一系列问题。他同时指出，专业设置与社会人才需求相脱节的背后，是很多院校没有进行市场调研和科学论证，未能得到关于市场需求的真实有效数据。❸

可以看出，对于学科专业特别是高职专业的设置和调整应当紧密服务于经济社会和产业发展，专业结构与产业结构应实现协调发展，学界已经形成一定的共识。然而，目前对高职专业调整与产业发展适切性的研究大多是经验性的研究，关于两者适切程度的科学量化研究还比较少。这些研究中还普遍存在专业分类口径较宽的问题，且忽略了对高职专业人才培养与劳

❶ 刘虎．高等职业院校专业建设研究［D］．上海：华东师范大学，2011：29-37.

❷ 谢勇旗．高等职业教育专业设置研究［D］．天津：天津大学，2004：41-45.

❸ 黄宏伟．职业教育专业建设新论［M］．杭州：浙江大学出版社，2014：10，44-49.

动力市场之间的基本关联逻辑的探讨，从而大大影响了研究结果的科学性及其对专业调整的实践指导价值。

第四节　专业调整影响因素的实证

专业调整是一个复杂的过程，受到诸多因素的影响。国外学者基于不同的理论视角，对专业调整的主要影响因素进行实证研究。

史蒂文·布仑特等以市场理论为基本框架利用面板数据对1980—2000年美国高校专业调整的市场模式进行实证研究。他们将“市场”分为雇主的劳动力需求、学生的课程需求和外部资源提供者的优先性三个方面。在将专业与职业领域、资助领域、捐赠领域等进行关联的基础上，他们选取了几种类型的市场信号与专业领域的增长速度进行等级相关分析。如表2-3所示，其研究发现：来自劳动力市场的信号如职业收入中位数、工资增长率等都与专业增长的相关性不显著，而学生学位增长率与专业增长的相关性较强且显著；相比之下，地位较低的院校对学生市场信号的反应更迟钝。而与学生市场相比，院校更热衷于有前景的技术类专业和事关生计的商科专业。[1] 该研究

[1] Steven Brint, Kristopher Proctor, Scott Patrick Murphy, Robert A. Hanneman. The Market Model and the Growth and Decline of Academic Fields in U.S. Four-Year Colleges and Universities, 1980-2000 [J]. Sociological Forum, 2012, 27 (2): 275-299.

最终并未推翻传统学科专业理论，相反，其中有一些实证发现从侧面进一步验证了传统理论。

表 2-3 史蒂文·布仑特专业调整市场模型检验的变量

市场信号	变 量
劳动力市场	职业领域 / 收入
学生市场	领域学位授予
联邦资助优先	联邦财政资助研究领域 人文和艺术领域的联邦资助
捐赠优先	捐赠额在 10 万美元以上捐赠领域
其他资源	其他分层分类变量（如公立 / 私立，选拔性学术领域）

在对市场模型进行检验的基础上，史蒂文·布仑特等进一步以制度主义理论为基础，从组织生态、院校间分层、人口统计构成和历史传统四个视角，对 1970—2005 年美国新兴专业领域的早期进入者的特征和 1970—2006 年衰退专业退出者的特征进行了实证研究。[1] 史蒂文·布仑特等对新兴专业领域早期进入者特征的研究中，用 logistic 回归分析方法对 20 个专业领域进行了逐一回归，并用关联分析方法对回归结果进行了补充。其中自变量分别选取了招生数、区域内院校数、区域内院

[1] Steven Brint, Kristopher Proctor, Robert A. Hanneman, et al.Who Are the Early Adopters of New Academic Fields? Comparing Four Perspectives on the Institutionalization of Degree Granting Programs in US Four-year Colleges and Universities, 1970-2005 [J]. Higher Education, 2011, 61 (5): 563-585; Steven Brint, Kristopher Proctor, Scott Patrick Murphy, Robert A. Hanneman. The Market Model and the Growth and Decline of Academic Fields in U.S. Four-Year Colleges and Universities, 1970-2006 [J]. Sociological Forum, 2012, 27 (2): 275-299.

校的平方、区域人口数、生均运行预算、选择性、博士学位授予院校、硕士学位授予院校、学士学位授予院校、少数族裔占比、女性占比、国际学生占比、人文艺术类专业占比、公立院校等指标。史蒂文·布仑特等对美国衰退的专业领域退出者特征的研究，采用了同样的理念框架、方法和数据。不同的是，这次他们选取了“Log 招生数”和“1970 年区域内开设本专业的院校数”变量来反映组织生态对专业调整的影响，在人口统计构成框架内纳入了“国际学生”变量。

史蒂文·布仑特等对于新兴专业领域的早期进入者研究发现，生态变量与全部 20 个专业领域的较早进入有强相关性，其中，区域内院校的平方与更低的进入概率呈强正相关，说明当区域内专业布局达到一定临界点后，院校可能不会再选择进入该专业；以生均运行预算衡量的院校财富与艺术和科学专业领域的高速增长正相关，与几个职业性 / 专业性领域的增长显著负相关，尤其是新的商科专业。富有的院校更可能进入体现社会融合性的新文化和身份认同专业（种族研究和女性研究）；公立高校也更愿进入新兴的文化和身份认同专业而非新的科学和技术领域。而其对衰退专业退出者特征的研究发现，区域内开设该专业的院校密度与衰退专业退出不相关，而招生人数与 14 个衰退专业保持相关，组织地位与 13 个衰退专业的保持正相关。有通识教育传统的院校与 8 个专业领域的保持呈显著正相关，特别是人文和社会学专业的相关性要明显高于自然科学领域。公立院校更倾向于保持两个人文艺术专业（古希腊与古罗马文化研究和社会学）。另外，通过对衰退专业进入者的研究发现规模大的院校更可能进入衰退专业。

克莱格·M. 罗林斯则从组织地位秩序再生产的角度对美国大学专业分化问题进行了实证研究。[1]他认为在面对环境的不确定性时，组织按照地位秩序再生产的方式来分化关键行为。组织地位越高，社会会越关注其总体实力的信号，使其更倾向于进行制度合法性的分化；地位越低的组织，就会更加关注社会对于其特定能力信号的认可，从而使其更倾向于进行合法性较差但潜在有利的分化。

克莱格·M. 罗林斯采用 logit 模型来估计组织合法性和非合法性变化的影响因素：

$$y_{ijt}=\mu_i+\tau+\beta_1 X_{i(t-4)}+\beta_2[S_i\times X_{i(t-4)}]+\beta_3[S_i\times X_{i(t-4)}]+Z_{i(t-4)}\beta+\varepsilon_i \quad \text{（模型 1）}$$

$$y_{ijt}=\mu_i+\tau_t+\beta_1(S_i\times\tau_t)+\beta_2(S_i\times\tau_t)+Z_{i(t-4)}\beta+\varepsilon_i \quad \text{（模型 2）}$$

其中，y_{ijt} 为大学 i 在 t 年度领域 j 所提供的专业比例，μ_i 是大学 i 的固定效应，τ 表示周期效应的哑变量，$X_{i(t-4)}$ 是大学 i 滞后 4 年的经济资源量，S_i 是大学 i 地位的时间不变测量，以与关键变量的交互形式进入模型，$Z_{i(t-4)}$ 是一个滞后时间变化控制向量，其中包含组织冗余、学费依存度、当地大学适龄人口比例、当地专业劳动力市场强度、专业领域学生需求等变量。ε_i 是一个误差项。模型 2 和模型 1 的主要区别在于：模

[1] Craig M.Rawlings.Reproducing Organizational Status Orders：Academic Program Differentiation in U.S Colleges and Universities，1970–1990［J］. Academy of Management Annual Meeting Proceedings，2013（1）：17460–17486.

型 1 中 τ 是一个时间效应的年度哑变量，模型 2 中则加入了一个时间周期的线性效应。

其结果发现：1970—1990 年美国大学专业分化倾向明显，大学正在从与“传统经济”“传统媒体”“传统文化”相关的专业中撤离，在控制组织特征、学生需求变化和其他随时间变化的因素之后，地位高的组织更可能通过参与非合法性的变化以应对当前的经济资源下降。在控制经济资源下降带来的变化之后，地位高的大学更倾向于在不确定性增加的时期以较低速度、更具制度合法性的方式实现专业分化。随着大学地位上升，职业 / 专业类专业占比上升的可能性更小。平均而言，高地位的大学在这一时期采用了更多的合法性专业，特别是自然科学类专业。克莱格 · M. 罗林斯的研究验证了制度主义理论对高校专业调整的强大解释力。在他的研究中并没有回避市场因素对高校专业调整的影响，当地大学适龄人口比例、当地专业劳动力市场强度、专业领域学生需求等变量的影响在实证结果中都得到了一定程度的验证。

我国学者很早就关注了市场因素对于高校专业调整的影响，潘懋元指出一个国家或一所高校专业和课程的变化与改革常常是内外部因素共同作用的结果。[1] 其中的外部因素包含经济社会发展的需要。林蕙青则从理论上探讨了专业与职业的逻辑关系，认为职业变化是高校专业变化的重要推动力量。[2] 鲍

---

[1] 潘懋元 . 新编高等教育学［M］. 北京：北京师范大学出版社，1996：10–56.

[2] 林蕙青 . 高等学校学科专业结构调整研究［D］. 厦门：厦门大学，2006：8，11–13.

嵘基于我国计划经济体制向市场经济体制转型的背景，提出了“市场匹配”的学科专业管理范式，是一种与政府主导的计划性专业设置相对的学科专业管理模式。他认为随着改革开放之后我国劳动力市场的出现，专业学科专业设置模式由政府主宰、以计划供给方式驱动模式向高校随行就市、自主调整模式转变是大势所趋。[1]崔永涛、王全旺就产业对学科专业结构调整的影响机制进行了深入剖析。崔永涛将产业结构影响学科结构的机理分为工资与岗位需求等直接渠道及社会背景变量间接渠道两个方面，认为就业与工资是人们接受高等教育的直接目的和最终动机。毕业后就业风险越低，就业越有保障，越能吸引更多的人选择该学科，进而导致学科结构的变化。[2]王全旺认为产业结构决定了劳动力市场人才需求的类型结构，是专业形成和变化的主要外在动力；产业对特定劳动力类型的需求结构，会通过市场机制向受教育者和家长提供选择接受何种类型，尤其是何种专业教育的信号，而这种需求最终会向教育机构提出要求，进而影响教育类型结构的变化和调整。[3]然而，与国外研究相比，我国学者关于市场因素对专业调整影响的研究以经验研究和理论探讨为主，普遍缺少有力的实证支撑。

---

[1] 鲍嵘．从“计划供给”到“市场匹配”：高校学科专业管理范式的更迭［J］．浙江师范大学学报（社会科学版），2007（2）：1–5.

[2] 崔永涛．我国高等教育学科结构优化调整研究——基于产业结构调整的视角［J］．教育发展研究，2015（17）：8–14.

[3] 王全旺．区域高职教育发展之劳动力市场适切性研究［M］．北京：人民日报出版社，2015：97.

本章小结

通过对国内外相关文献的梳理，我们可以得出以下结论。

第一，学科专业调整问题是高等教育管理和实践中的一个基本问题，但随着高等教育迈入普及化阶段，“多元化”和“适需性”成为高等教育的重要特征，[1]专业调整问题才逐渐成为一个重要的研究领域。中西方学者对这一问题研究的基本价值取向有一定差异，研究侧重有所不同。从国外学者的研究来看，由于欧美等国高等教育更多强调人本主义的价值导向，故对专业调整的研究多是在学科专业领域多样化、兴衰、创新等框架下开展。而我国的研究多是从社会本位出发，更加关注专业人才培养如何更好地满足经济社会发展需求，以及实现大学生稳就业目标。

第二，专业调整问题一直是高等教育学的重要研究范畴，但是对这一问题的探讨基本没有跳脱学科专业的传统理论框架。然而对于以人才培养为主要任务的高职教育来说，学科专业的理论框架对于高职专业调整的解释力是比较差的。相反，其他学科的理论发展为本研究提供了更加丰富的理论视角。人

[1] 匡瑛.高等职业教育的“高等性”之惑及其当代破解［J］.比较教育研究，2020（1）：15-21.

力资本理论关于专用人力资本投资收益的研究为我们从人岗匹配的角度研判高职专业人才供给与劳动力市场适切性提供了重要理论基础。市场供求关系理论则为我们分析高职专业调整与劳动力市场适切性的影响因素提供了基本理论框架。另外，由于高职院校专业调整的过程也是一个组织创新的过程，面对我国高职专业设置中普遍存在专业同质化、追求“大而全”等现象，制度主义的合法性机制理论也有着强大的解释力，成为审视我国高职院校专业调整的一个重要视角。

第三，研究专业调整首先需要明确专业类型，专业分类是研究专业调整的基础环节。只有建立在分类的基础上，才能对专业调整的轨迹和特征有更加清晰的刻画。由于专业名称、专业内涵、专业口径等存在较大差异，分类标准成为关键。由于专业种类非常庞杂，管理者和研究者均按照不同的标准和口径对专业重新归类，专业分类体现出较强的主观性。从目前的主要分类方法来看，传统的学科分类仍然是最具操作性的方法，但该分类方法并不能很好地反映不同专业人才培养在知识、能力、素养等人才培养规格方面的差异，忽视了专业与职业的关联，尚难以满足科学评价高职专业调整与劳动力市场适切性以及指导实践的需要。本研究将摆脱传统的学科分类思路，从高职专业的特性及其与劳动力市场关联的基本逻辑出发，探索更窄口径的专业分类方法。

第四，总体而言，学界对我国专业调整与劳动力市场适切性的研究大多从专业调整与产业发展协调性的角度展开。对于高职专业设置和调整应当紧密服务于区域产业发展，二者应实现协调发展和良性互动，学界已经形成普遍共识。然而，目前对高职专业调整与产业发展协调程度的科学量化研究比较少，大多是基于经验的研究。不少学者基于三次产业划分，将相关专业布点数、专业招生人数占比与各类相关产业 GDP 或从业人员比重进行简单比对来判断专业结构是否合理。这些研究普遍忽略了高职专业人才培养与劳动力市场之间的基本关联逻辑，从而大大影响了研究结果的科学性及其对专业调整的实践指导价值。本研究将从高职专业的基本属性出发，深入探讨高职专业与劳动力市场的基本关系，并基于高职专业的行业专用性和职业专用性对高职专业与行业 / 职业进行关联和分类。我们将以此为基础来把握我国高职专业调整的基本特征，通过供需两侧的综合对比研判高职专业人才供给与劳动力市场需求的适切性。

第五，20 世纪 70 年代以来，随着市场力量对专业调整的影响不断深入，越来越多的学者开始检验市场对于高校专业调整的作用，并用经济学理论进行解释。随着相关理论视角的不断丰富和研究方法的不断改进，西方学者越来越多的实证研究将这一问题不断引向深入。尽管史蒂文・布仑特和克莱格・M. 罗林斯等国外学者关于专业调整的实证研究没能给出到底是市场模型还是制度主义理论更有解释力的最终结果，但在专业调整的测量、解释变量的选取以及专业调整影响因素分析方法等方面进行了有益的探索。特别是史蒂文・布仑特等关于专业市场模型的检验，将“市场”进行了具体分解，并建立了专业与职业的关联，研究视角和方法对于我们深入开展关于高职专业调整与劳动力市场关系的实证研究具有重要参考价值。同时，我们也要看到，史蒂文·布仑特和克莱格·M.罗林斯等的实证研究均以具有高度自治传统的美国大学为研究对象，在功能定位、管理方式以及市场环境等方面与我国的高职院校有一定的差异。为此，本研究结合我国高等职业教育的特点加以改进，将实证研究与个案剖析相结合，以更加深入地了解市场模型对我国专业调整的解释力。

第三章　高职专业与劳动力市场的关系

随着教育改革实践的不断推进，我国已经基本形成覆盖初、中、高三个层次和普通教育、职业教育及成人教育三种类型的多层次、多类型的教育体系结构。高等职业教育作为普通高等教育和职业教育的结合体，成为一种独特的教育类型。这种特殊性突出表现在人才培养定位的差异。高职人才培养定位的特殊性必然要求我们在研判劳动力市场适切性时，首先把握高职专业人才培养与劳动力市场的内在联系，并对高职专业人才供给的目标劳动力市场进行细分。

对于社会科学研究来说，科学的分类是描绘事物结构的前提。随着高职教育和社会分工的不断发展，当前高职专业的种类已经变得非常庞杂。为了更好地研究专业调整的特征及其与劳动力市场的适切性，我们有必要探索一套新的高职专业分类标准，在专业人才供给与劳动力市场人才需求之间建立关联匹配。人力资本理论关于专用人力资本投资收益的研究，为我们将具有行业和职业专用性的高职专业与特定的产业和职业进行关联提供了重要的理论指导。

本章将从高职教育的基本属性出发，重点从人力资本理论的视角来探讨高职专业与劳动力市场关联的基本原理和高职专业分类的技术路径问题。

第一节 高职专业教育的基本属性

由于高等职业教育兼具高等教育和职业教育的双重属性，这使得其专业人才培养与普通高校本科人才培养之间既有一定的联系又有明显的区别。

一、关于专业教育与通识教育之辩

专业是高校开展人才培养的基本单元，而关于高等教育到底应进行通识教育，还是专业教育，或者说高等教育到底应培养通才还是专才一直是一个饱受争议的话题。通识教育与专业教育在教育目的上各执一端：通识教育者主张，高等教育应指向人的灵魂，内在理智的培养是至高无上的；专业教育者则认为，高等教育应面向外部世界，职业能力的训练是最重要的。通识教育认为，逻辑体系完善的学科知识对学生最有价值，因为这些知识具有普遍性；专业教育则强调，解决社会实际问题的知识最重要，因为这些知识能够马上转化为行动。在通识教育支持者看来，理论知识具有迁移性，长久的适切性才有价值。因为现时的适切性往往趋向于学生所希望的东西而不是有价值的东西。[1]专业教育因其过强的功利目的与高等教育培养自由人的内在目的相冲突而受到通识教育者的诟病，耶鲁大学原校长理查德·雷文（Richard C.Levin）曾经说过，“如果一个学生在耶鲁大学毕业时，居然拥有某种很专业的知识和技能，这将是耶鲁教育最大的失败”。[2]亚伯拉罕·弗莱克斯纳（Abraham Flexner）也曾指出，“大学不是风向标，不能什么流行就迎合什么。大学应不断满足社会的需求，而不是它的欲望”。[3]

尽管专业教育有其缺陷，但不能因此被完全否定。潘懋元认为，高等学校的人才培养，就其内容而言，也可称为“专业教育”。尽管目前高等教育改革更强调基础宽厚，强调“专业淡化”，但一定程度的专门化，永远是高等教育的一个基本特点。[4]一方面是因为，限于知识的广博性和个人时间精力的有限性以及人的个体差异性，人才必须是分类培养的；另一方面，进入大众化阶段后，高等教育的重心已经放低，投资属性增强，大学虽然不是职业训练场，但是必须为学生未来的职业做准备。因此，专业教育不是问题，而专业教育的绝对化、过度化才是我国高等教育不能忽视的一个问题。别敦荣认为，专

[1] ［美］约翰·S. 布鲁贝克 . 高等教育哲学［M］. 王承绪，郑继伟，等译 . 杭州：浙江教育出版社，1987：99-100.

[2] 耶鲁大学校长：如果学生从大学毕业后拥有了某种专业的知识和技能，这将是耶鲁教育最大的失败！［EB/OL］.（2016-10-23）［2020-01-20］. https：//www.sohu.com/a/116943462_372406.

[3] ［美］亚伯拉罕·弗莱克斯纳 . 现代大学论——美英德大学研究［M］. 徐辉，陈晓菲，译 . 杭州：浙江教育出版社，2001：3.

[4] 潘懋元 . 新编高等教育学［M］. 北京：北京师范大学出版社，1996：10-56.

业教育自20世纪50年代从苏联引入我国后，成为我国绝对的教育模式，而专业教育的绝对化和刚性化引发了过度专业教育的问题。[1]为了弥补过度专业教育在人才适应性方面存在的问题，近些年我国高等教育在专业人才培养模式方面作了一些改革：一是专业口径上进行拓宽，及时调整专业目录，防止专业划分过细，并探索大类招生等改革试点；二是探索选课制、辅修制、转专业等制度，扩大学生知识面和选择权。但与此同时，专业教育改革的实践也促使人们去思考一个新的问题，即专业教育口径到底该如何把握才算适度呢？薛国仁等认为，专业口径的宽与窄因高等学校层次而异，本科专业通常以宽口径为主，专业覆盖面广；专科专业强调职业针对性和适应性，口径相对较窄。[2]卢晓东结合专业划分的新标准（学科标准、职业标准和学生标准）深入分析了专业划分的口径问题。他认为专业划分的粗细不应成为专业设置或者调整的绝对标准，专业划分的核心关键是专业课程的知识是否有区别，专业口径的粗或细都应当是可以的，专业目录中的专业种数不应当有所限制，在理论上多少都是可以的。他认为若以通识教育课程为基础，专业口径宽窄均相宜，淡化专业和拓宽专业口径都不是必须的。[3]

---

[1] 别敦荣．超越过度专业教育——70年高等教育教学嬗变［J］．北京教育（高教），2019（10）：12.

[2] 薛国仁，赵文华．专业：高等教育学理论体系的中介概念［J］．上海高教研究，1997（4）：6.

[3] 卢晓东．本科专业划分的逻辑与跨学科专业类的建立［J］．中国大学教学，2010（9）：14.

二、高职教育的专业性与职业性特征

从世界范围内来看，高职教育属于第三级教育层次的职业教育和技术教育，具有很强的职业性特征。1997 年联合国教科文组织颁布的《国际教育标准分类》将技术性为主的高等教育（5B）定义为："课程内容是面向实际的，是分具体职业的，主要目的是让学生获得从事某个职业或行业或某类职业或行业所需的实际技能和知识，完成这一级学业的学生一般具备进入劳务市场所需的能力与资格。"正是由于其鲜明的职业性特征，使得学界对于高等职业教育应该培养通才还是专才没有太多争议。张楚廷认为，"职业教育培养的人才应可称之为专才了，它已经专门到了某种职业知识和技能上去了。高职高专一般也不存在培养专才还是通才的问题了"。关于专业对口问题，他认为"不同大学寻求适应的方式和途径一般来说是不一样的……高等职业教育与研究型大学的适应方式与思路明显不同，前者可能具有更强的对口性质，而后者则相对较弱"。[1]谢维和也指出，对口与适应是不同高等学校与不同类型的学科和专业在人才培养模式选择中的两种基本取向。对于高等职业学校而言，应该更多地强调对口的模式和机制。[2]对于高职院校和普通高校专业的差异，黄宏伟进行了深入剖析，他认为高等

---

[1] 张楚廷 . 高等教育学导论［M］. 北京：人民教育出版社，2010：71-112.

[2] 谢维和 . 对口与适应——高校人才培养与劳动力市场的两种关系模式［J］. 北京大学教育评论，2004：（4）：9-11.

职业教育的专业是技术专业，是按照技术领域或服务对象进行分类的，是为了培养学生掌握具有从事特定职业或行业工作所需的实际技能和知识而划分的学业门类。[1]与学科专业强调知识的完整性和系统性的特点不同，技术专业更加强调职业岗位技术工作的适应性、针对性和应用性，根据职业技术分工和职业岗位群对专门人才的要求进行设置，强调技术性和职业性，强调培养学生的综合能力，注重就业的适应性。

基于对职业性的广泛认同，我国高等职业教育被定位为直接为职业做准备的高等教育，要求其直接服务社会经济，直接服务学生就业。学者们对高等职业教育领域的“专业”也有比较统一的界定，即认为“专业是教育部门根据劳动力市场对从事各种社会职业的劳动者和专门人才的需要，以及学校教育的可能性所提供的培养类型”。[2]高等职业教育所特有的职业教育本质特征要求其人才培养的口径比本科教育要更窄，其专业人才培养方案中，职业技术技能相关课程和培养环节学时学分所占比重更高，因而，其所形成的人力资本专用性也更强。

三、高职专业人才的行业和职业专用性

在我国，由于属地化的管理体制和行业办学传统，高等职业教育具有很强的地方性和行业性特点，办学定位更加强调服务地方产业、服务行业发展。尽管高等职业教育兼具高等教育

❶ 黄宏伟 . 职业教育专业建设新论［M］. 杭州：浙江大学出版社，2014：1-5.
❷ 姜大源 . 职业教育学研究新论［M］. 北京：教育科学出版社，2007：55-56.

的属性，但是与普通本科教育不同，高等职业教育还有明显的职业教育属性，在人才培养方面强调实现“五个对接”，即专业与产业对接、课程内容与职业标准对接、教学过程与生产过程对接、学历证书与职业资格证书对接、职业教育与终身学习对接。这使得高职人才培养具有实用性强的特点，其人才培养的就业导向尤其鲜明。在这种实用性更强的人才培养过程中，学校以专业为单位，开发和组织大量具有行业和职业针对性的课程和教学资源，比如根据行业发展的需要购置最新的实习实训设备以加强校内实训基地建设；选派教师去行业企业进行实践锻炼，以加强双师型教师队伍建设，使专任教师更加了解企业生产的实际问题，掌握企业的先进技术和技能要求，并转化为专业教学资源等。这些投入只对特定行业和职业岗位有价值，具有很强的行业和职业专用性。同样，高职学生以专业为单位进行培养，由于高技能人才对实操能力和职业素养要求更高，在高职专业人才培养方案中，技能专业课和专业实践类课程占比达到总学时的六成以上，专业教学内容大多来自行业、职业的实践案例，技能也多在顶岗实习中进行训练。学生经过三年的集中学习，掌握了大量具有行业和职业岗位针对性的知识、技能，并形成了一定的职业素养。这些知识、技能和素养同样对于特定的行业和职业更有价值，一旦脱离了相应的行业或者职业，这些价值便会大打折扣。比如，《普通高等学校高职高专教育指导性专业目录》中农林牧渔大类农业二级类中的现代农业技术专业，主要对应的职业包括土壤肥料技术人员、农业技术指导人员、农作物生产人员等，均以服务农业，特别是现代农业为人才培养目标。在专业人才培养过程中，学生也获取了与农业相关的知识、技能和素养，这最终成为毕业生身上凝结的行业专用性人力资本，农业成为这类专业鲜明的行业和职业标识。尽管高等职业教育不排除通用性人力资本投资，但高等职业教育的“职业性”特点，使得高职毕业生身上所具有的专用性人力资本更加突出。从本质上讲，高等职业教育所生产的是不同规格类型的异质性人力资本，对于学生来说，要最大限度地获得收益，就必须要保证所受教育的专业领域与行业或者职业领域的需求相匹配，否则就意味着不同程度的人力资本投资损失。对于学校而言，专业资源配置也要保证与行业或职业领域需求结构相匹配，否则也意味着资源配置效率的损失。从人力资本投资收益最大化的角度来看，高职专业调整的理想结果，就是实现高职各类专业人才培养的规模、质量与不同行业 / 产业所产生的相应职业岗位需求的完美匹配。

第二节　高职专业与职业的关联原理

职业性是高等职业教育的重要属性，其专业人才培养与职业之间有着紧密的关系。那么，高职专业是如何与职业联系在一起的，又与哪些类型的职业有关联呢？这些问题需要结合职业分类进一步从逻辑上加以明确。

一、职业的内涵与分类

职业是人们为获取主要生活来源而从事的社会性工作类别，是由于社会分工而形成的特定专业和专门职责。[1]职业有着丰富的社会学内涵。个人通过职业活动自我融入社会价值体系。同时，职业也有着重要的经济学内涵。劳动者正是通过进入行业、企业中的一个个具体的职业岗位来实现价值创造，从而推进产业经济的发展。随着社会生产力的发展，社会分工不断细化，各种新型职业不断涌现，同时，也有一些职业经历了蜕变、转型或消亡的过程。现代社会中，不同类型的职业具有不同的职业内涵、职业标准、职业标识等，客观地讲，任何一种社会职业对从业人员都有知识、技能、素养等方面的要求，但劳动者所应达到的专业知识、技能水平和职业素养的规范性要求有很大的差异。

随着社会分工的发展和细化，一些老的职业逐渐退出了历史舞台。与此同时，更多新的职业在不断涌现，职业种类变得更加复杂多样。为了满足管理等的需要，各国都对职业进行了分类统计，其中，技能是职业分类的重要标准。国际劳工组织的 ISCO 职业分类标准是世界上很多国家和地区制定和修订职业标准体系的蓝本。在 ISCO-88 和 ISCO-08 中，技能水平（skill level）和技能专门化（skill specialization）作为划分标准

[1] 朱健，李颖凤，王辉 . 职业分类与高校本科专业目录互动演进关系研究［J］. 贵州师范大学学报（社会科学版），2018（2）：57-63.

被明确提出，并得到了进一步强调。[1]

参照《国际标准职业分类》，我国颁布的《国家职业分类大典》，将我国的职业分为 8 个大类、75 个中类、434 个小类和 1481 个职业。[2] 其中 8 个大类分别为：（1）国家机关、党群组织、企业、事业单位负责人；（2）专业技术人员；（3）办事人员和有关人员；（4）商业、服务业人员；（5）农、林、牧、渔、水利业生产人员；（6）生产、运输设备操作人员及有关人员；（7）军人；（8）不便分类的其他从业人员。

二、高职专业与职业的关联

职业和专业原本没有天然联系，但随着职业的发展，特别是科学技术向职业活动的渗透，职业活动中的知识技术含量也随之增多，对职业从业者的素质要求也不断提高，并最终使职业知识技能、职业规范等进入高等教育领域，逐渐成为专业设置的重要依据。

技能水平被定义为一种职业中所要完成的任务和职责复杂程度或范围的函数，分为四个等级。显然，并不是所有的职业人才都必须经由高等职业教育来培养。尽管与普通教育相比，

---

[1] 谢莉花，余小娟，尚美华．国际职业与教育分类标准视野下我国职业体系与教育体系之间的关系［J］．职业技术教育，2017（28）：75.

[2] 我国最早于 1999 年颁布了《国家职业分类大典》，随着我国职业实际的发展，《国家职业分类大典》进行了不断修订和补充，2015 年新修订的《国家职业分类大典》与 1999 年版相比，增加了 9 个中类和 21 个小类，但 8 个职业大类的分类一直得以沿用。

高等职业教育作为一种职业教育类型，顺应产业发展，培养胜任岗位需求的各类职业人才是其肩负的重要历史使命。但与此同时，高等性也是高等职业教育的基本特征，这就要求其所传授的知识、技能和素养应具有一定的高深性。高等性是相对概念，高深性存在层次差别，这就使得其仅与部分对专业知识、技能和素养要求较高的职业产生必然的联系，高等职业教育毕业生适合的职业应处于职业等级中的较高层次。其中，我们不难看出，ISCO-08 职业分类中，只有第三等级技能职业才与高等职业教育专业教育产生关联，具体包含我国《国家职业分类大典》中的管理者、技术和辅助专业人员两个职业大类，以及军人职业大类中的部分细类（见表 3-1）。

表 3-1　ISCO-08 职业分类及与教育等级的对应关系

序号	职业类 ISCO-08	技能水平	教育等级 ISCED-97
1	管理者	3+4	6+5a+5b
2	专业人员	4	6+5a
3	技术和辅助专业人员	3	5b
4	办事人员	2	4+3+2
5	服务和销售人员	2	4+3+3
6	熟练农林牧渔业工人	2	4+3+4
7	手工艺品及相关贸易工人	2	4+3+5
8	机械操作工和组装工	2	4+3+6
9	简单劳动职业	1	1
0	军人	1+2+4	1+2+3+4+5a+6

第三等级技能职业，主要包括一些需要完成复杂技术性或实操性任务，需要具有大量关于特定领域的事实、技术或者程序性知识的职业。具体任务包括：确保遵守健康、安全和相关法规；能够详细评估特定项目的材料与人力数量和成本需求；能够协调、监督、控制和计划其他工人的活动；在专业人士的支持下可以发挥技术功能。这一技能等级的职业，通常需要高级的阅读、计算和人际沟通技能，可以理解复杂的文字材料，撰写事实报告，并在复杂的情境下进行口头沟通。这些技能通常需要高中毕业后在高等教育机构进行1—3年的学习才能获得，如销售代表、医学实验室技师、法院书记员、医学诊断影像师等。

技能专门化则包括四层含义：一是所需的知识领域；二是使用的工具和机器；三是工作所使用的材料；四是产品和服务的种类。技能的专门化实现职业种类的细分，在职业大类下面的职业细分主要就是基于技能专门化。高职专业人才培养的过程，也是技能专门化的过程。高职专业人才培养面向特定职业，要求毕业生掌握职业所需的知识、技能和素养，熟练使用相应的工具和机器，并到生产、管理和服务一线去提供相关的产品和服务。由此可见，高职专业人才培养是技能专门化的过程，也正是该专业专用性人力资本生成的过程，这使得高职专业仅与某些特定类型的职业产生关联。

高职教育专业与职业的关联主要体现在以下四个方面：一是专业划分要体现相关职业在职业资格（包括专业知识、专业技能）方面要求的差异性；二是专业培养目标要满足相关职业的岗位要求；三是专业教学过程与相关职业的劳动过程、工作环境和活动空间（职业情境）紧密结合；四是专业的社会认同与相关职业在社会上的地位及其社会价值判断密切相关。但高职教育专业并不能与职业简单画等号，这是因为尽管专业的数量与职业分工的专门化程度具有一定相关性，但同时还要遵循人才培养规律。专业资源配置的科学合理性与效益最大化原则通常会要求专业划分去覆盖尽可能多的社会职业或工作岗位。

第三节　高职专业与产业的关联原理

由于高职专业人才所特有的职业和行业专用性人力资本的存在，高职专业调整的理想结果，就是实现高职各类专业人才培养的规模、质量与不同产业所产生的相应职业岗位需求的完美匹配。从这个角度来看，实现高职专业与行业/产业的关联，对研究高职专业调整与劳动力市场的适切性有重要的方法论意义。

一、产业的内涵及分类

产业通常是指国民经济中以社会分工为基础，在产品和劳务的生产和经营上具有某些相同特征的企业或单位及其活动的集合。[1]这种生产和经营的相同特征具体体现在主要原材料的投入、生产的主要工艺过程及产品的用途等方面的相似性或相

[1] 简新华．产业经济学［M］．武汉：武汉大学出版社，2001：1.

关性。人们按照不同的标准，形成了不同的产业分类方法，主要有以下几种:（1）马克思生产资料和消费资料两大部类分类法;（2）霍夫曼分类法，即分为消费资料产业、资本资料产业和其他产业;（3）农轻重产业分类法;（4）生产要素集约分类法，即分为劳动密集型产业、资本密集型产业、知识技术密集型产业;（5）产业地位分类法，即分为支柱产业、战略新兴产业等;（6）产业发展状况分类法，即分为朝阳产业、夕阳产业等;（7）标准产业分类法等。而应用最为广泛的是三次产业分类法。这种分类方法最早由经济学家费歇尔（A.Fisher）提出，克拉克（Clin Clark）和库兹涅茨（Kuznets）进一步普及和应用，成为国际通用的一种产业分类方法。三次产业分类法主要按照对劳动对象进行加工的顺序进行产业划分。其中，第一产业以自然界中存在的材料为劳动对象，第二产业以初级产品为劳动对象，第三产业则是在物质财富生产之上进行的无形财富生产活动。

行业是与产业相近的概念，但通常是对产业进行的更细分类。为方便国际比较，联合国颁布了《全部经济活动的国际标准产业分类索引》，成为各国统计的重要参考。我国则依据中华人民共和国国家质量监督检验检疫总局和中国国家标准化管理委员会2017年发布的《国民经济行业分类》(GB/T4754-2017)，对行业进行分类统计工作。该标准采用经济活动的同质性原则划分国民经济行业，将国民经济行业分为20个门类、97个大类、473个中类和1381个小类。20个门类包括:（1）农、林、牧、渔业;（2）采矿业;（3）制造业;（4）电力、热力、燃气及水生产和供应业;（5）建筑业;（6）批发和零售业;

（7）交通运输、仓储和邮政业；（8）住宿和餐饮业；（9）信息传输、软件和信息技术服务业；（10）金融业；（11）房地产业；（12）租赁和商务服务业；（13）科学研究和技术服务业；（14）水利、环境和公共设施管理业；（15）居民服务、修理和其他服务业；（16）教育；（17）卫生和社会工作；（18）文化、体育和娱乐业；（19）公共管理、社会保障和社会组织；（20）国际组织。其中，第一产业主要包含农、林、牧、渔业，第二产业主要包含采矿业、制造业，热力、燃气及水生产和供应业、建筑业，第三产业则包含其他的几个行业。

二、我国高职专业的产业分类

我国高职院校专业设置所依据的《普通高等学校高职高专教育指导性专业目录》，即以产业、行业分类兼顾学科分类为主要依据，分为专业大类、专业类和专业三级。原则上专业大类对应产业，专业类对应行业，专业对应职业岗位群或技术领域。

在2015年之前，我国高职专业设置主要依据的是《普通高等学校高职高专教育指导性专业目录（2004版）》，将专业分为农林牧渔、交通运输、生化与药品、资源开发与测绘、材料与能源、土建、水利、制造、电子信息、环保气象与安全、轻纺食品、财经、医药卫生、旅游、公共事业、文化教育、艺术设计传媒、公安、法律等19个大类。《普通高等学校高等职业教育（专科）专业目录（2015年）》发布实施之后，2004版专业目录被废止。新版目录专业大类仍然维持原来的19个不变，但是，专业大类的名称和划分有所调整。新版专业大类分为农林牧渔、资源环境与安全、能源动力与材料、土木建筑、水利、装备制造、生物与化工、轻工纺织、食品药品与粮食、交通运输、电子信息、医药卫生、财经商贸、旅游、文化艺术、新闻传播、教育与体育、公安与司法、公共管理与服务等19个大类。与2004版相比，公安大类和法律大类变更为公安与司法大类；文化教育和艺术设计传媒大类重新组合为教育与体育大类、新闻传播大类及文化艺术大类；资源开发与测绘大类和环保气象与安全大类重新组合为能源动力与材料大类和资源环境与安全大类；生化与药品、轻纺食品大类重新组合为生物与化工大类、轻工纺织大类、食品药品与粮食大类；制造大类精简为装备制造大类；公共事业大类扩展为公共管理与服务大类（见附录一）。我国高职专业目录中专业的分类和调整，强调了与产业行业需求的紧密对接，更加突出了服务产业、行业的导向。

三、高职专业与行业/产业的关联

产业与职业存在天然内在的联系。一方面，职业岗位从行业/产业中产生，劳动力市场需求最终体现为行业/产业中的一个个具体的职业岗位需求，职业岗位的增减与行业/产业发展密切相关；另一方面，职业岗位对从业者的要求普遍都具有鲜明的行业特征，除要求从业者具备本职业通用和专用的知识、技能和素养，还往往要求从业者具备特定的行业专用知识、技能和素养。

职业岗位实际上是专业与行业/产业的关键结合点。从供给侧来看，高职专业具有鲜明的职业性特点，高职专业设置是直接面向职业岗位或职业岗位群的。专业毕业生正是通过行业中企业或者单位提供的一个个具体的职业岗位需求进入劳动力市场的，正是在职业岗位这一关键点上行业 / 产业需求侧和高职专业供给侧实现了联结。尽管专业与行业 / 产业的关联具有明显的间接性和滞后性的特点，但是职业岗位的行业特征，以及高职专业人力资本行业专用性的存在，使得以职业纽带，以行业为标识，探索高职专业新的产业分类成为可能。

本研究以专业毕业生就业所面向的主要行业为基础，依据中华人民共和国国家质量监督检验检疫总局和中国国家标准化管理委员会 2017 年发布的《国民经济行业分类》（GB/T4754–2017）和教育部 2015 年发布的《普通高等学校高等职业教育专科（专业）目录（2015 年）》，将专业大类与重点服务行业进行关联匹配，并按三次产业进行划分。第一产业主要涉及农林牧渔大类专业；第二产业主要涉及资源环境与安全、能源动力与材料、土木建筑、装备制造、生物与化工、轻工纺织、食品药品与粮食、水利等 8 个大类专业；第三产业主要涉及交通运输、电子信息、医药卫生、财经商贸、旅游、文化艺术、新闻传播、教育与体育、公安与司法、公共管理与服务等 10 个大类专业。

具体到行业层面，关于行业相关高职专业分类，本研究重点考虑行业代表性及专业人才培养定位与行业的匹配性等因素，选取农林牧渔业，制造业，信息传输、软件和信息技术服务业，金融业，建筑业，交通运输，卫生和社会工作，教育、文化、体育和娱乐业，公共管理、社会保障和社会组织等 10

个行业门类，分别对应农林牧渔、装备制造、电子信息、财经商贸、土木建筑、交通运输、医药卫生、教育与体育、文化艺术、公共管理与服务等 10 个专业大类来研究专业调整及其与劳动力市场适切性的问题[1]，如表 3–2 所示（详见附录二）。

表 3–2　我国高职主要专业大类与行业产业关联表

序号	专业大类	服务行业门类	服务产业
1	农林牧渔大类	农林牧渔业	第一产业
2	装备制造大类（制造大类）	制造业	第二产业
3	土木建筑大类（土建大类）	建筑业	
4	财经商贸大类（财经大类）	金融业	第三产业
5	电子信息大类	信息传输、软件和信息技术服务业	
6	公共管理与服务大类（公共事业大类）	公共管理、社会保障和社会组织	
7	交通运输大类	交通运输、仓储和邮政业	
8	教育与体育大类（文化教育大类）	教育	
9	文化艺术大类（艺术设计传媒大类）	文化、体育和娱乐业	
10	医药卫生大类	卫生和社会工作	

注：括号内为 2004 版专业目录专业大类名称

其中，农林牧渔类专业主要面向农林牧渔业行业培养从业的生产和生产辅助技术人员，如农业技术员等；装备制造类专

[1] 2016 年起，我国高职专业采用新的 2015 年版《普通高等学校高等职业教育专科（专业）目录》，其中部分专业大类内容进行了调整，本研究参照教育部发布的新旧专业目录对照表，将新版专业大类与旧版进行合并处理。

业主要面向生产制造行业培养从业的各类生产设备操作和维护人员，如印刷机机长等；土木建筑类专业主要面向建筑行业培养从业的建筑设计和施工技术人员，如建筑技术员等；财经商贸类专业主要面向金融行业培养从业的财会金融专业人员，如理财顾问等；电子信息类专业主要面向信息传输、软件和信息技术服务行业培养从业的软件信息等专业技术人员，如程序员等；公共管理与服务类专业主要面向公共管理、社会保障和社会组织行业培养从业的公共服务专业人员，如社区工作者等；交通运输类专业主要面向交通运输、仓储和邮政行业培养从业的各类专业技术人员和服务人员，如仓储员等；教育与体育类专业主要面向教育行业培养从业的各类中小学和幼儿教师；文化艺术类专业主要面向文化、体育和娱乐行业培养从业的各类文化、体育和娱乐专业人员，如经纪人等；医药卫生类专业主要面向卫生和社会工作行业培养各类医疗卫生专业人员，如牙医、护士等。

本章小结

随着学科的发展和社会分工的不断细化，高校的专业设置也日趋多样化和复杂化。面对日益庞杂的具体专业，合理地进行专业分类，无论对于我们把握国家宏观层面的专业结构，还是院校微观层面的专业结构，都是重要的前提和基础。

尽管高等教育界有高等教育到底应培养通才还是专才的争论，但是高等职业教育的职业教育属性，使得高职教育与本科教育相比，成为一种典型的专才教育，同时也使得高职专业人才培养与职业产生更加紧密的联系。然而，受到高等职业教育高等性及专业人力资本专用性的双重制约，高职专业与职业的联系并非全面、广泛的。高等职业教育的高等性要求其仅与较高等级技能的职业产生联系，而专业人力资本专用性要求各高职专业仅与特定类型的职业产生联系。

人力资本理论为科学认识高职专业人才培养与劳动力市场的关系问题提供了有力的理论指导。高等职业教育的“行业性”和“职业性”特点，使得高职毕业生身上所具有的行业和职业专用性人力资本更加突出。无论对学校，还是对学生来说，要最大限度地保证投资效益，就必须保证专业教育与行业或者职业领域需求相匹配，否则就意味着投资收益率的损失。因此，高职专业调整的理想结果，就是实现高职各类专业人才培养的规模、质量与不同行业 / 产业所产生的相应职业岗位需求的完美匹配。基于此，本研究尝试从劳动力市场供需匹配的角度进行新的分类。

根据高职专业的职业特征和行业特征，本研究重点考虑了行业代表性及专业人才培养定位与行业的匹配性等因素，按照三次产业对高职专业进行划分，并进一步选取农林牧渔业，制造业，信息传输、软件和信息技术服务业，金融业，建筑业，交通运输，卫生和社会工作，教育，文化、体育和娱乐业，公共管理、社会保障和社会组织等 10 个行业门类，分别与农林牧渔、装备制造、电子信息、财经商贸、土木建筑、交通运输、医药卫生、教育与体育、文化艺术、公共管理与服务等10个专业大类实现关联匹配，为进一步研究高职专业调整与劳动力市场的适切性奠定分类学基础。

第四章　我国高职专业调整与劳动力市场适切性分析

关于我国高职人才培养与劳动力市场需求的结构失衡问题是一个老生常谈的话题。产业结构的变化必然导致对各类人才需求结构的变化，这些变化体现为各行业内职业岗位数量、结构和人员素质要求的变化。由于分专业培养是我国高等职业教育开展人才培养的主导模式，作为就业导向鲜明的教育类型，劳动力市场需求结构的变化势必要求供给侧的高职教育作出相应的调整。尽管学界普遍认识到了高职专业结构性失衡问题的存在，但对于高职专业结构在多大范围内、多大程度上失衡却一直鲜有学者给出一个较为准确的结论。

本章首先梳理我国高职改革发展和专业建设的基本历史脉络及相关政策背景，为我们深刻把握高职专业设置、管理以及高技能人才供给的现状提供更宽广的历史视角。其次，将目光聚焦当下，基于第三章的专业分类，分别从规模、结构和变化趋势三个维度，对 2011—2016 年我国 10 个专业大类的调整趋势和特征，关联产业、职业就业结构变化趋势和特征，以及毕业生就业机会变化趋势和特征进行分析。最后，通过供给和需求两侧的综合对比，对我国各类高职专业调整与劳动力需求的适切性作出研判。

第一节　我国高职发展与专业建设的历史沿革

我国的高等职业教育从20世纪80年代中期正式产生到现在，只有短短30余年的时间，却经历了一个快速崛起的非凡历程。目前高等职业教育作为普通高等教育和职业教育相结合的一种类型教育，已经稳稳占据了我国高等教育的半壁江山，承担着为经济社会发展培养高素质技术技能人才的重任。高等职业教育的产生和崛起顺应了经济社会对人才的迫切需求，也深刻改变了中国高等教育的格局。随着经济社会环境的不断变化，高职专业结构的失衡问题也变得愈发突出，并逐渐成为政策调控的重点。综合考察高等职业教育的改革发展和专业建设的重点任务和基本特征，我国高等职业教育改革发展和专业建设大体可以分为以下四个阶段。

一、起步与摸索阶段（1978—1998年）

1978年，党的十一届三中全会确立了以经济工作为中心，把全党工作重点转移到经济建设上来的改革开放新战略，使我国经济得到快速发展。改革开放以后，经济的迅速发展与各类人才的短缺形成矛盾，特别是经济率先发展起来的东部沿海省份和中心城市，更是急需大量的各类技术应用型人才。20 世纪 80 年代初，为了适应社会需求和政府办学经费短缺的现实情况，在东南沿海及一些经济较发达地区的中心城市陆续建立了一批以“收费、走读、不包分配”为特点的新型职业大学，如江苏省金陵职业大学等。与当时的普通高校相比，这批职业大学广泛与用人单位开展联合办学、定向培养，强调职业性和技术性，特色开始显现，成为我国高等职业教育的雏形。职业大学灵活的办学模式很快得到政府的认可。1985 年，第一次全国教育工作会议之后颁布的《中共中央关于教育体制改革的决定》明确提出，“积极发展高等职业技术院校，逐步建立起一个从初级到高级、行业配套、结构合理又能与普通教育相互沟通的职业技术教育体系”，高职学校发展正式纳入职业教育体系建设的范畴。

进入 20 世纪 90 年代，改革开放不断深入，随着区域产业结构的调整和产品结构的升级，高素质技术技能人才大量缺乏的问题日渐突出。1994 年，为加快高等职业教育发展，第二次全国教育工作会议明确提出“三改一补”（改革、改组、改制、补充）的高等职业教育发展方针，即主要通过改革当时已有职业大学、部分高等专科学校或独立设置成人高校的办学模式，以及改制少数具备条件的重点中等专业学校或举办高职班作为补充来发展高等职业教育。1998 年，国家教委出台的《面向 21 世纪教育振兴行动计划》在重申“三改一补”方针的同时，进一步明确了本科院校举办高等职业教育的责任，允许部分本科院校通过设立高等职业技术学院的形式发展高等职业教育。在相关政策引导下，高等职业教育逐步形成职业大学和职业技术学院、高等专科学校、普通本科院校二级职业技术学院、部分重点中专、成人高等学校及民办高校六类办学主体，形成所谓“六路大军办高职”的多元化办学局面

这一时期，高职专业设置与管理呈现出以地方为主的特点，专业设置总体而言较为灵活，管理也比较粗放，通常是社会急需什么就办什么。高职专业设置主体多元，专业名称不一，规格多样，口径可宽可窄。以江苏为例，江苏省教育厅于1990年制定的《江苏省职业大学专业设置暂行规定》，就规定职业大学可以根据用人部门的人才需求，设置灵活的临时性专业。学校可按照设置专业的条件进行论证后自主负责审定，只须向学校主管部门和省教委备案即可，同时在完成委托培养任务之后，还可以自行撤销专业。同时，在招生计划方面，由于实行“收费、走读、不包分配”政策，国家只是提供宏观政策的指导，国家下达招生计划多为指导性计划，学校专业的招生计划通常由省级政府根据本地区经济和社会发展的实际需要等综合确定。

二、规模扩张与规范阶段（1999—2005年）

20世纪90年代末，在亚洲金融危机爆发、国内通货紧缩和失业率攀升的背景下，我国政府作出了高等教育扩招的战略决策，高等职业教育成为高等教育扩招的重要依靠力量。

1999 年，时任国务院总理朱镕基在第三次全国教育工作会议上提出："要在切实保证义务教育健康发展的同时，积极调整现有教育体系结构，扩大高中阶段教育和高等教育的规模，大力发展各级各类职业技术教育，拓宽人才成长的道路。"[1]同年，教育部、国家计委提出《试行按新的管理模式和运行机制举办高等职业技术教育的实施意见》，在当年普通高等教育年度招生计划中，安排 10 万人专门用于部分省（市）试行按新的管理模式和运行机制举办高等职业技术教育。随后，《中共中央国务院关于深化教育改革，全面推进素质教育的决定》提出"经国务院授权，把发展高等职业技术教育和大部分高等专科教育的权力及责任交给省级人民政府"。高职院校设立审批权下放地方，促进了各地区高等职业院校的快速发展。许多省市抓住机遇，加大高职院校审批力度，高等职业教育进入发展快车道。发展高职教育成为许多省市高等教育扩招初期的政策选择，高等职业教育呈现出前所未有的发展势头，高等职业院校数、在校生数持续增长。到"十一五"初期，我国普通专科年招生规模达到 293 万人，比 1999 年扩招前扩大 245 万人，而且专科招生规模在普通高校本专科招生总规模中的比重，由原来的不足三成提升到 1/2 强。高等职业教育仅用了 8 年左右的时间，就实现了招生规模从近 50 万人向近 300 万人的跨越，成为各地高等教育扩招的主要增长点和高等教育实现大众化甚至普及化的重要力量。

高等职业教育办学规模的快速扩张引发了全社会对教育质

[1] 杨金土.90 年代中国教育改革大潮丛书（职业教育卷）[M].北京：北京师范大学出版社，2002：691-692.

量的担忧。2000 年，教育部印发《关于加强高职高专教育人才培养工作的意见》，要求高职院校根据高职高专教育的培养目标，针对地区、行业经济和社会发展的需要，按照技术领域和职业岗位（群）的实际要求设置和调整专业，并妥善处理好社会需求的多样性、多变性与学校教学工作相对稳定性的关系。

2004 年，为应对扩招之后的严峻就业压力，规范高职办学行为，教育部出台了《关于以就业为导向深化高等职业教育改革的若干意见》(以下简称《若干意见》)，明确高职院校应以服务为宗旨，以就业为导向确定办学目标；在专业设置与调整方面，要认真开展市场调研，紧密结合地方经济和社会发展需求，科学合理地调整和设置专业。《若干意见》还要求省级教育行政部门将就业状况作为专业设置及其结构调整的依据，减少或停止就业率连续三年低于全省（自治区、直辖市）平均水平专业的招生计划，撤销不符合市场和社会需要的专业。

为加强高职高专教育专业设置的宏观管理，促进高职高专教育的持续健康发展，同年，由教育部首次颁布了全国性的《普通高等学校高职高专教育指导性专业目录（试行）》和《普通高等学校高职高专教育专业设置管理办法（试行）》(以下简称《管理办法》)，成为指导全国高职院校设置和调整专业的依据。《管理办法》明确了省级教育行政部门和学校在高职专业设置与管理中的原则、权力等问题。高职专业设置与管理顺应了这一时期专业布点、专业类型及专业规模快速增长的需要，逐渐走上规范化的轨道。

三、人才培养基础能力与内涵建设阶段（2006—2013年）

进入“十一五”以后，我国高职教育保持了扩招的态势，但是扩招的幅度趋于放缓，并逐渐稳定在350万左右的年招生规模。与此同时，劳动力市场供需结构性矛盾变得愈发突出。针对职业教育人才培养的规模、结构、质量还不能适应经济社会发展对高素质劳动者和技能型人才的迫切需求等问题，国务院出台《关于大力发展职业教育的决定》，明确职业教育改革发展的目标是“建立和完善适应社会主义市场经济体制，满足人民群众终身学习需要，与市场需求和劳动就业紧密结合，校企合作、工学结合，结构合理、形式多样，灵活开放、自主发展，有中国特色的现代职业教育体系”，确立了“以服务为宗旨、以就业为导向”的职业教育办学方针，要求积极推动职业教育从计划培养向市场驱动转变，从政府直接管理向宏观引导转变，从传统的升学导向向就业导向转变。

这一时期，专业建设作为内涵建设的重要内容被提到新的高度。加快专业调整，提升毕业生的就业能力，也成为我国高等职业教育基础能力建设的一项重要任务。《关于大力发展职业教育的决定》要求合理调整专业结构，并作出大力发展面向新兴产业和现代服务业的专业，大力推进精品专业、精品课程和教材建设的部署。2006年教育部发布的《关于全面提高高等职业教育教学质量的若干意见》进一步强调要以就业为导向，加快专业改革与建设，同时要求各级教育行政部门要及时发布各专业人才培养规模变化、就业状况和供求情况，调控与优化专业结构布局；要求高等职业院校及时跟踪市场需求变化，主动适应区域、行业经济和社会发展需要，有针对性地调整和设置专业。

这一时期，我国高等职业教育逐渐由规模扩张阶段转向注重规模、质量、结构、效益相统一的阶段。高等职业教育规模扩张的成果得到充实和巩固，高职教育更加关注深化教育教学改革、专业调整及提升人才培养质量问题。在“国家示范性高等职业院校建设计划”等一系列质量建设重大项目的带动下，我国高职教育逐渐形成国家、地方（省级）、学校三级重点专业建设体系，专业教学标准建设得到加强，专业认证体系、“双证书”制度开始推行，学生职业能力的培养得到普遍重视和加强。

四、现代职教体系建设与结构优化新阶段（2014年至今）

从2014年开始，我国经济逐渐进入新常态。面对复杂的国际经济形势和国内经济下行压力，产业转型升级和结构调整的任务变得更加迫切。为解决产教供需之间的结构性矛盾，更好地发挥职业教育对经济发展和产业升级的促进作用，党中央、国务院作出了加快发展现代职业教育体系的系列重大战略决策部署。为解决职业教育存在的结构、质量、办学条件和体制机制等问题，2017年，国务院办公厅印发的《关于深化产教融合的若干意见》进一步对深化产教融合作出了全局性的系统设计，提出用10年左右的时间，基本解决人才教育供给与产业需求重大结构性矛盾，职业教育、高等教育对经济发展和产业升级的贡献显著增强。2019年，国务院印发的《国家职业教育改革实施方案》，进一步明确了新时代职业教育改革发展的基本方略。

在经济新常态背景下，优化专业结构、提升人才培养对产业发展的服务能力成为新时期我国高职教育改革发展的重要任务。随着新技术、新产品、新业态、新商业模式的发展，我国产生大量新的职业，高职目录外专业大量增加，新设专业出现了名称不规范，内涵不清晰、专业口径设置过宽或过窄，甚至交叉重复设置等现象。为使高职专业设置更加适应新的形势，2015年，教育部在对2004版《普通高等学校高职高专教育指导性专业目录》进行全面修订的基础上，发布了新版的指导性专业目录，即2015版专业目录。新版目录根据行业和国家重点产业发展的变化，对专业大类、专业类及专业进行了调整，并明确了专业与职业类别之间的对应关系，更加适应现代产业发展的新要求，体现出更加鲜明的就业导向。同时发布的新修订的《普通高等学校高等职业教育（专科）专业设置管理办法》进一步强化了省级教学行政部门的监管责任，要求省级教育行政部门要建立健全本地区高职专业设置的预警和动态调整机制，把招生计划完成率、招生报到率、毕业生就业率、生均经费投入、办学情况评价结果等作为优化专业布局、调整专业结构的基本依据。2015年，教育部发布的《高等职业教育创新发展行动计划（2015—2018年）》也将专业结构调整作为高等职业教育改革发展路线图中重要的组成部分，并提出了三年建设目标，即“高职人才培养的层次、规模与经济社会发展更加匹配，高等职业院校的布局结构、专业设置与区域产业发展结合更加紧密，高职服务发展的能力进一步增强”。《关于深化产教融合的若干意见》则强调了需求导向的人才培养结构调整机制建设问题，要求发挥市场机制在资源配置中的作用，强化就业市场对人才供给的有效调节，把市场供求比例、就业质量作为学校设置调整学科专业、确定培养规模的重要依据。

这一时期，职业教育被明确定位为与普通教育不同的教育类型，职业教育与普通教育的同等重要地位得以明确，对深化职业教育改革的路线图和时间表加以顶层设计，并启动了具有引领性的“中国特色高水平高等职业学校和专业建设计划”，我国现代职业教育体系建设进程大大加快。作为现代职教体系建设的重要内容，高职专业结构优化受到空前关注。政府在积极鼓励发展产业急需紧缺专业的同时，建立了更加严格的专业预警和退出机制，积极引导高职院校及时调减或停招设置雷同、就业连续不达标的专业。

第二节　当前我国高职专业调整的基本趋势与特征

高职专业调整具体包含专业种数、专业布点和专业招生规模的数量与结构变动。为更加准确地把握我国高等职业教育专业调整的轨迹和特征，本研究根据上一章的高职专业产业分类，结合《中国教育统计年鉴》发布的相关统计数据，对2011—2016 年我国十大类高职专业种数、布点和招生的规模、结构及调整趋势进行梳理。

一、专业种数调整

专业种数是反映我国专业多样性的类型特征。“十二五”时期，我国高职专业种数经历了一个先升后降的变化趋势。2012 年高职院校开设的专业种数迅速从 2011 年的 1060 种增至 1158 种，2013—2015 年稳定在 1100 种左右。2016 年，由于我国高职专业目录的重新调整，专业种数大幅下降到 789 种（见图 4–1）。从专业大类来看，各专业大类也基本保持了相似的变动趋势，2012 年公共管理与服务、装备制造、土木建筑、交通运输、文化艺术、电子信息等大类的专业种数都出现大幅增加，当年增长率均在 10% 以上。之后的专业种数出现回落，我国高职院校开设专业的丰富程度呈现出一个趋于下降的过程。2016 年之后，除医药卫生类外，各类专业种数更是出现了一次明显的下降（见图 4–2）。[1]

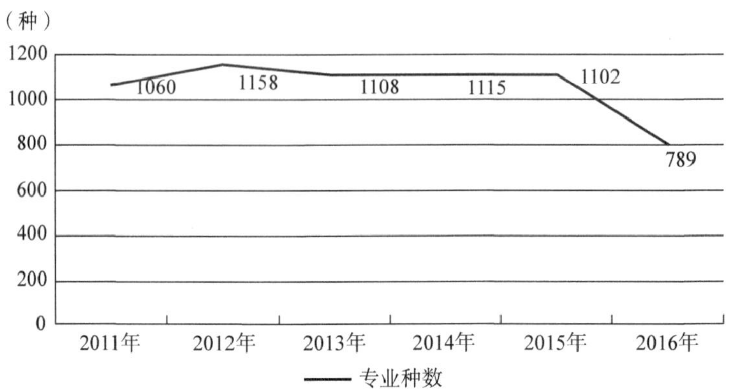

数据来源：《中国教育统计年鉴》（2011—2016）。

图 4–1　2011—2016 年我国高职专业种数调整情况

从专业类内部分布情况看，交通运输类专业种类最多，2016 年时达 69 种，装备制造、财经商贸、文化艺术类专业种类也达 55 种以上。从专业种数占比来看，交通运输类所占份额最高，占 8.7%，其次是装备制造大类，占 8.2%，财经商贸类和文化艺术类专业种数占比也在 7.0%。与“十二五”初相比，只有交通运输、财经商贸和医药卫生 3 类专业种数份额有所提升，其他专业类的专业种数份额均有所下降（见表 4–1）。

[1] 《中国教育统计年鉴》中关于高职专业种数和专业布点数的统计截止到 2016 年，2017 年以后不再统计。

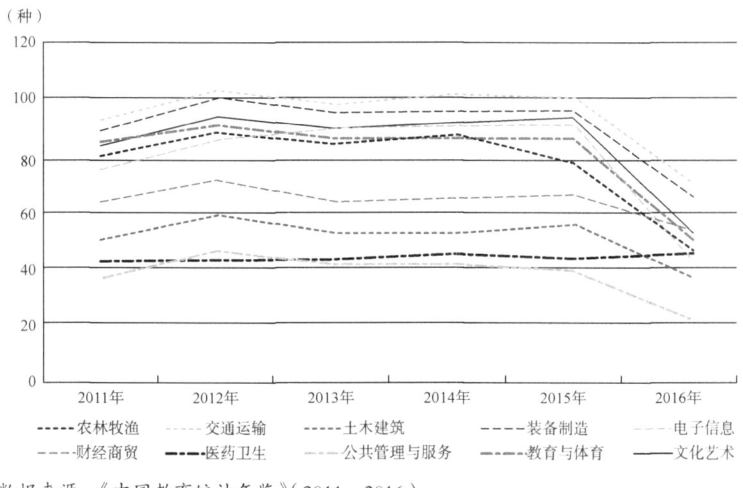

数据来源：《中国教育统计年鉴》（2011—2016）。

图 4-2　2011—2016 年我国高职专业种数调整情况（分大类）

表 4-1　2011—2016 年我国高职各类专业种数比重变化情况

（单位：%）

专业大类	2011 年份额	2016 年份额	份额变动
农林牧渔	7.7	6.3	–1.4
装备制造	8.4	8.2	–0.2
交通运输	8.6	8.7	0.1
土木建筑	5.0	4.8	–0.2
电子信息	7.4	5.4	–2.0
财经商贸	6.0	7.0	1.0
医药卫生	4.1	6.2	2.1
教育与体育	8.1	6.7	–1.4
文化艺术	8.0	7.0	–1.0
公共管理与服务	3.6	2.8	–0.8

数据来源：《中国教育统计年鉴》（2011—2016）。

二、专业布点调整

专业布点是指高职院校经教育主管部门审批获得该专业的招生资格。专业布点数在一定程度上代表了某种专业开设的广度，反映了某种专业受高职院校“欢迎”的程度。2011—2016年，我国高职专业布点呈现了快速增长的态势，从2011年的44129个稳步增至2016年的50158个，布点总数增长13.7%（见图4-3）。这一时期，专业布点增长率要高于高职院校的增长率（6.2%），校均专业布点由34.4个，增至35.7个，也就是说，这一时期高职院校更倾向于增加新的专业布点。

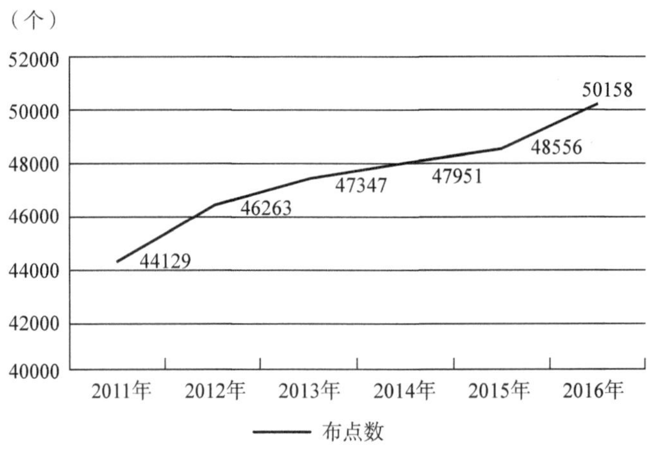

数据来源：《中国教育统计年鉴》（2011—2016）。

图4-3　2011—2016年我国高职专业布点数调整情况

2011—2016年，农林牧渔、交通运输、土木建筑、医药卫生、公共管理与服务、文化艺术、装备制造等类专业布点呈现增长态势，其中，交通运输、医药卫生、财经商贸、土木建筑类专业布点增长较快，增长 20% 以上，交通运输类专业布点更是增长 72% 以上。相比之下，教育与体育、电子信息类专业布点数则出现不同程度的下降，教育与体育大类专业布点数下降 15.6%（见图 4-4）。

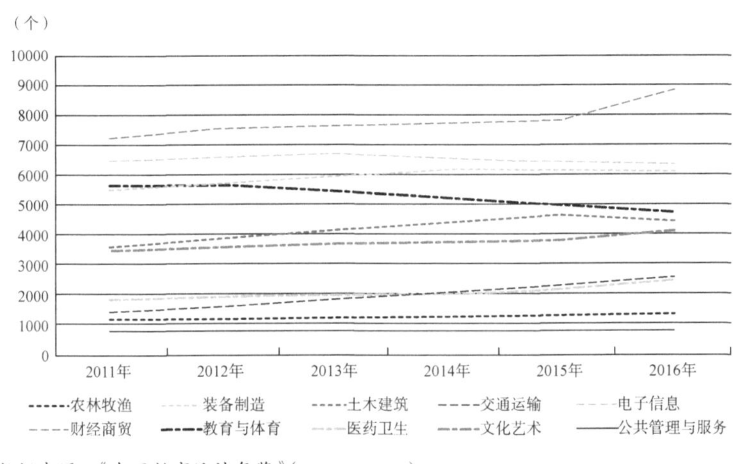

数据来源：《中国教育统计年鉴》（2011—2016）。

图 4-4　2011—2016 年我国高职分专业大类布点数调整情况

从专业结构来看，2016 年在全国高职专业布点中，以财经商贸类专业布点最多，达 8777 个，占全国专业布点的 17.5%，电子信息和装备制造类专业布点也相对较多，占全国专业布点总数的 1/10 以上。相比之下，公共管理与服务、农林牧渔等专业大类布点相对较少，占比仅为 2% 左右。从专业布点的份额变动来看，与 2011 年相比，土木建筑、交通运输、财经商贸、医药卫生和文化艺术类专业布点占比均有所提升，其中交通运输类专业布点提升最多，提升1.7个百分点，其次是财经商贸类，也提升1.2个百分点。与此同时，农林牧渔、装备制造、电子信息、教育与体育类专业布点占比均有所下降，其中教育与体育类专业布点占比下降最多，下降3.3个百分点，其次是电子信息类，专业布点占比也下降2.0个百分点（见表4–2）。

表4–2 2011—2016年我国高职各类专业布点数比重变化情况

（单位：%）

专业大类	2011年份额	2016年份额	份额变动
农林牧渔	2.7	2.5	–0.2
装备制造	12.4	12.2	–0.2
交通运输	3.3	5	1.7
土木建筑	8.1	9	0.9
电子信息	14.7	12.7	–2.0
财经商贸	16.3	17.5	1.2
教育与体育	12.7	9.4	–3.3
医药卫生	4	4.8	0.8
文化艺术	7.9	8.1	0.2
公共管理与服务	1.7	1.7	0

数据来源：《中国教育统计年鉴》（2011—2016）。

三、专业招生规模调整

2011—2018年，我国的高职招生总规模呈现出波段上升的态势。2012年出现了一次明显下降，之后稳定上升。到2015年，我国高职招生达到 348.4 万人的规模，比 2011 年增加 23.5 万人，增长 7.2%。2016 年，高职招生规模再次出现小幅下降，但很快又重拾上升态势。到 2018 年，我国高职招生总规模已达 368.8 万人，比 2016 年增加 25.6 万人，增长 7.5%（见图 4-5）。

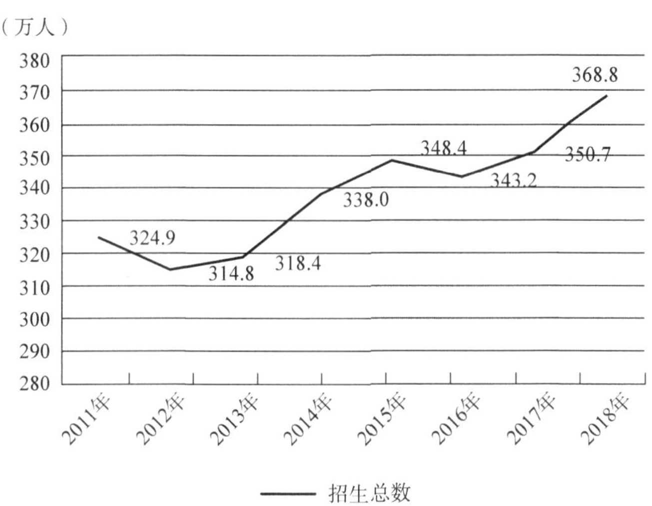

数据来源：《中国教育统计年鉴》（2011—2018）。

图 4-5　2011—2018 年我国高职招生总规模调整情况

从 2011—2018 年各类专业的调整情况来看，农林牧渔、交通运输、电子信息、医药卫生、公共管理与服务、教育与体育、文化艺术 7 类专业招生规模均较 2011 年有所增长，装备制造、土木建筑和财经商贸 3 类专业招生规模则均出现不同程度的收缩。其中，以交通运输类增长最快，增幅达 75.9%，其次电子信息大类，增幅也达到 63.7%，此外，医药卫生和公共管理与服务类专业的增幅也超过 40%。土木建筑类专业招生规模降幅最大，缩减约 1/4。从调整过程来看，各类专业招生规模调整的路径并不相同。除交通运输类招生规模呈现稳定的增长态势以外，其他各类专业均呈现出不同程度的波动。其中，电子信息、医药卫生、教育与体育、文化艺术类专业也总体呈现规模扩张的态势，土木建筑、装备制造、财经商贸类专业则呈现出规模波动下降的总体态势。相比之下，农林牧渔、公共管理与服务类专业招生规模保持了相对稳定（见图 4–6）。

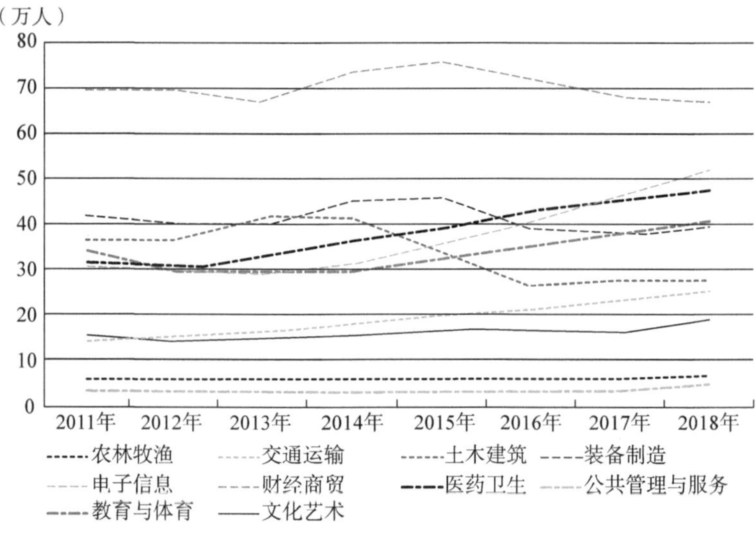

数据来源：《中国教育统计年鉴》（2011—2018）。

图 4–6　2011—2018 年我国高职分专业大类招生规模调整情况

从专业结构来看，2018 年，财经商贸、装备制造、医药卫生、电子信息类招生规模相对较高，均占高职招生总规模的 10% 以上，其中又以财经商贸类招生规模占比最大，达 66.7 万人，占高职招生总规模的近 18.1%，也就是说当年近有 1/5 的高职学生都进入财经商贸类专业学习。相比之下，公共管理与服务、农林牧渔等专业大类招生规模较小，占比不足 2%。从专业招生规模份额的调整来看，电子信息、医药卫生、交通运输、公共管理与服务、教育与体育、文化艺术等类专业招生占比均有所提升，其中，以电子信息类专业招生占比提升最明显，比 2011 年时提升约 4.2 个百分点，医药卫生和交通运输类也分别提升 3.2 和 2.4 个百分点。相比之下，土木建筑、装备制造、财经商贸 3 类专业份额则明显下降，分别下降 3.8、2.3 和 3.1 个百分点（见表 4–3）。

表 4–3　2011—2018 年我国高职各类专业招生规模比重变化情况

（单位：%）

专业大类	2011 年份额	2018 年份额	份额变动
农林牧牧渔	1.8	1.8	0
装备制造	13.0	10.7	–2.3
交通运输	4.4	6.8	2.4
土木建筑	11.2	7.4	–3.8
电子信息	9.7	13.9	4.2
财经商贸	21.2	18.1	–3.1
医药卫生	9.6	12.8	3.2
教育与体育	10.6	10.9	0.3
文化艺术	4.8	5.1	0.3
公共管理与服务	1.0	1.3	0.3

数据来源：《中国教育统计年鉴》（2011—2018）。

第三节　中美两国高职专业结构及调整路径比较

从国际视野来看，作为全球经济实力排名第一的发达经济体，美国在现代制造业和现代服务业等诸多产业领域处于全球产业链的顶端，其产业人才支持体系，特别是高技能人才培养的学校教育体系发挥了重要作用。尽管我国与美国的经济发展水平、产业结构以及高等教育体系存在一定差距，但从发展的角度来看，对比分析两国高等职业教育专业调整的特征和趋势，对于把握我国当前专业调整的基本特征并明确发展方向有着重要的参考意义。

一、“二战”以来美国高职教育发展历程

按照联合国教科文组织颁布的《国际教育标准分类》（ISCED），我国的高等职业教育大体对应《国防教育标准分类》中的5B层次，即以技术为主的大学教育。根据这一标准，美国高等职业教育的职能主要由社区学院来承担。[1]也就是说我国的高等职业教育大致对应美国的社区学院教育体系。社区学

[1] 吴雪萍，新峰．美国社区学院的高等职业教育管窥［J］．教育与职业，2002（2）：57.

院是一种植根于社区和地方的短学制高等学校，起源于初级学院。[1]社区学院在“二战”后因顺应了美国社会不断增长的对于高等教育入学机会的需求才开始走上快速发展之路。在20世纪70年代末社区学院就达到了与当前我国高职大体相当的招生规模，在扩大高等教育入学机会实现高等教育普及化、服务经济社会发展等方面发挥了独特而重要的作用。

2007年次贷危机爆发后，美国政府启动重振制造业计划以解决产业空心化及由此带来的就业问题。产业调整对高端技术技能人才产生了巨大需求，社区学院发展受到美国政府的高度重视。奥巴马政府2011年发布的《美国经济复兴路线图》和2012年发布的《致力未来：美国职业生涯与专业技术教育大变革发展蓝图》中都明确将技能鸿沟问题列为制约美国经济复兴的最主要瓶颈，而振兴全美社区学院系统则被确立为重振美国经济的首要举措之一。为了更好地适应这一需求，美国社区学院协会（American Association of Community College）发布《重塑美国梦：21世纪委员会关于社区学院未来的报告》，提出重塑社区学院定位，即重新聚焦与劳动力市场需求相协调的职业技能教育。[2]这一时期，美国社区学院的职业教育的功能得到进一步的强化，产教融合也得到进一步深化。美国作为世界头号经济强国，产业发展水平相对较高，在现代制造业和现代服务业等诸多产业领域长期处于全球产业链的顶端。作为美国经济社会发展的重要支撑，社区学院经历了60多年的改革发展，

---

❶ 邢栋．社区学院发展历程分析［J］．中国成人教育，2017（4）：155.

❷ 朱浩，冰雪．美国社区学院的新变革［J］．复旦教育论坛，2017（1）：99-105.

专业结构及调整已经相对成熟，对于新时期明确我国高职专业结构调整方向有着重要参照意义。

二、中美两国高职专业分类及对应关系匹配

（一）中美两国高职的专业类型分布

专业结构是指专业的类型及各专业之间的组合方式。[1]美国社区学院实际承担着为中学毕业生提供以职业技术教育为主体的多层次教育服务的使命。[2]除了职业教育功能外，社区学院还具有转学教育等多重功能，因此专业类型也比较多样。根据美国国家教育统计中心（NCES）颁布的学科专业目录（CIP-2000）分类，社区学院专业按照人才培养规格定位可以分为学术型、专业应用型和职业技术型三种类型。[3]

学术型专业主要以培养学术型人才为目标，为学生提供升学准备，包括历史学、经济学、数学和统计学、物理科学、哲学与宗教学、人类学以及文理通识等21个学科群专业，该类专业占美国社区学院招生总规模的近四成；专业应用型专业主要培养工程师、律师等各类专业应用型人才，包括农业与相关科学、建筑与相关服务、商务管理和市场营销、新闻传播、教

[1] 薛天祥．高等教育学［M］．桂林：广西师范大学出版社，2001：43.

[2] 丁楠，杨院．美国重振制造业视野下社区学院的发展举措与启示［J］．职业技术教育，2018（25）：69.

[3] 鲍嵘．美国学科专业分类系统的特点及其启示［J］．比较教育研究，2004（4）：2.

育、工程、健康专业及相关科学、法律专业与研究、图书馆学、自然资源与保护、视觉与表演艺术等 11 个学科群专业，专业招生也占美国社区学院招生总规模的四成以上；职业技术型专业主要培养技术员、技师等各类技术技能型人才，具体包括建造行业、通信技术 / 技师、工程技术 / 技师、家庭与消费 / 人类科学、机械与维修技术、军事技术、公园娱乐健身研究、个人与烹饪服务、精密制造、公共管理与服务、科学技术 / 技师、安保服务、交通运输物流等 13 个学科群专业，招生占社区学院招生总规模的近两成。

我国高职专业设置与调整是以教育部颁布的《普通高等学校高职高专教育指导性专业目录》为依据的。该《目录》按照专业大类对应产业，专业类对应行业，专业对应职业岗位群或技术领域的原则，分为专业大类、专业类和专业三级。我国当前使用的 2015 版《目录》，具体包括农林牧渔、资源环境与安全、能源动力与材料、土木建筑、水利、装备制造、生物与化工、轻工纺织、食品药品与粮食、交通运输、电子信息、医药卫生、财经商贸、旅游、文化艺术、新闻传播、教育与体育、公安与司法、公共管理与服务等 19 大类 99 个专业类，共计 748 种专业。

（二）中美两国高职专业类型对应关系匹配

为了更好地对比中美两国高职专业结构及其调整的基本特征，需要我们对两国高职专业分类进行关联匹配。从专业分类来看，美国的高职专业分类与我国专业分类既有共同点，又存在一定差异。我国高职 19 个专业大类与产业具有良好的对应关系，分别对应农林牧渔等国民经济十多个行业门类。其中，农林牧渔为第一产业相关专业，资源环境与安全、能源动力与材料、土木建筑、水利、装备制造、轻工纺织、食品药品与粮食等为第二产业相关专业，其他则均为第三产业相关专业。美国国家教育统计中心（NCES）颁布的学科专业目录（CIP-2000）则主要是按照知识领域和人才规格进行学科群分类。

我国高职人才培养在目标定位上有“高技能人才”“高等技术应用性专门人才”“高素质技术技能型人才”等多重表述，[1]实际涵盖美国社区学院专业应用型和职业技术型两种人才类型。因此，我们将美国社区学院的专业应用型和职业技术型专业统一纳入高职口径。从专业大类（学科群）的分类口径来看，我国高职专业以产业（行业）为主的分类口径相对更宽，而美国以知识领域和人才规格相结合的专业分类口径则呈现了有宽有窄、以窄为主的特点，如农业相关专业，我国的农林牧渔大类专业完全包含美国社区学院的“农业与相关科学”及“自然资源与保护”两个学科群专业，我国的土木建筑专业大类则对应美国社区学院的“建筑设计和相关服务”以及“建造行业”两类学科群专业。而美国的“工程”“工程技术 / 技师”两个学科群专业则口径相对较宽，可以同时服务于土木建筑、装备制造以及电子信息等多个行业领域（见图 4-7）。

[1] 匡瑛. 高等职业教育的“高等性”之惑及其当代破解［J］. 比较教育研究，2020（1）：15-21.

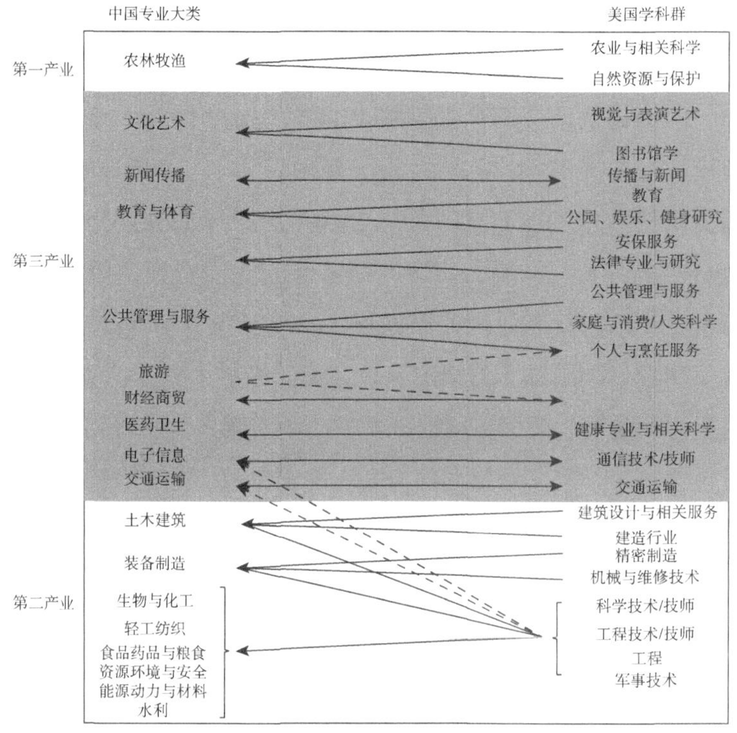

图 4-7　中美两国高职专业分类关联

三、中美两国高职专业结构的变化趋势比较

为了对专业大类（学科群）人才培养规模结构进行统计和比较，本部分以我国的专业大类为基础，结合不同专业大类（学科群）具体专业内涵，基于前述的专业大类与美国学科群的对应关系匹配，重点对财经商贸、文化艺术、新闻传播、教育与体育、公安与司法、公共管理与服务、农林牧渔、土木建

筑、装备制造、交通运输、电子信息、医药卫生等12个较为典型且对应性较好的专业大类进行分析。受制于数据方面的局限，本研究选取美国社区学院2011—2016年的分专业在校生规模数据进行分析。我国在2015年之后采用了新版专业目录，因而本研究重点选取我国高职2016—2018年的专业相关数据进行对比分析。其中，我国高职各专业大类在校生数主要来源于《中国教育事业统计年鉴》(2016—2018)，美国高职各学科群在校生数来源于美国国家教育统计中心（NCES）数据库。需要说明的是，关于美国社区学院高职教育各学科群招生人数既包含非两年制高等教育机构的注册学生数，也包含同时在两家高教机构分别注册的学生数，因此在校生统计人数要实际大于美国社区学院学位教育的在学人数。

（一）中美两国高职各专业在校生规模及比例静态呈现

对比中美两国高职专业规模结构（见表4-4），作进一步的分析，能够得到中美高职教育各专业的在校生规模及比重总体呈现出以下一些特点。

一是我国高职专业在校生总规模相对较高。2016年，我国高职专业在校生总规模为1082.9万人，达到美国高职类在校生总规模的近1.8倍。除公安与司法、公共管理与服务、医药卫生三大类专业在校生规模相对较小之外，其他大类专业在校生规模均大于美国。

二是从高职教育各类专业在校生相对规模来看，中美两国专业在校生份额均呈现了“三二一”的结构。即三产相关专业在校生占比最大，其次是二产专业，而一产专业占比最小。2016年，我国农林牧渔专业在校生占比仅为1.65%，土木建筑和装备制造专业在校生占21.35%，财经商贸等其他9个三产相关专业占67.79%。同期，美国相应的产业在校生占比分别为1.75%、6.86%和83.40%。其中，我国农林牧渔专业在校生所占份额与美国大体相当，土木建筑和装备制造专业比美国高出14.49个百分点，而美国财经商贸等其他9个专业则高于我国15.61个百分点。

三是两国高职专业培养规模的类别结构差异更为明显。主要表现在美国医药卫生类专业占比较大，占美国高职类专业在校生的33.86%，公共管理与服务、公安与司法两类在校生份额也大大高于我国，而我国装备制造、电子信息、交通运输和土木建筑4类专业的在校生份额较高。两国在新闻与传播、文化艺术以及财经商贸3类专业的在校生份额相当，另外，我国在教育与体育类专业在校生配置的力度也要比美国要略大一些。

表4-4　2016年中美两国高职专业类型在校生规模与比例比较

专业类型	中国高职		美国高职	
	在校生规模（万人）	份额（%）	在校生规模（万人）	份额（%）
财经商贸	236.32	21.82	119.01	19.49
文化艺术	52.58	4.86	28.33	4.64
新闻传播	9.16	0.85	8.42	1.38
教育与体育	111.83	10.33	46.26	7.58
公安与司法	14.15	1.31	45.91	7.52

续表

专业类型	中国高职		美国高职	
	在校生规模（万人）	份额（%）	在校生规模（万人）	份额（%）
公共管理与服务	9.84	0.91	45.04	7.38
农林牧渔	17.90	1.65	10.69	1.75
土木建筑	101.03	9.33	9.01	1.48
装备制造	130.19	12.02	32.85	5.38
交通运输	58.79	5.43	4.49	0.74
电子信息	110.40	10.20	4.96	0.81
医药卫生	130.76	12.08	206.73	33.86

注：本表数据只呈现了中美对应性好的几类专业，其他几类专业无法一一对应，故会出现与总数不一致的情况。

（二）中美两国高职各专业在校生规模比重及变化趋势

从专业调整的趋势来看，中美两国在专业调整方向上出现了结构侧重性的变化差异。美国三产专业在校生占比下降 1.5 个百分点，而二产专业在校生占比则提升了 1 个百分点，一产专业占比也提升了 0.48 个百分点，而我国则刚好相反，第三产业相关专业在校生比重进一步提高约 3 个百分点，第二产业相关专业在校生占比则进一步降低 3.1 个百分点，第一产业相关专业在校生占比略有上升。

从具体专业类来看，我国财经商贸、装备制造、土木建筑、公安与司法、文化艺术 5 类专业的在校生份额相对缩减，其中以财经商贸类专业下降幅度最大，2018 年比 2016 年降低了 2.43

个百分点。而美国医药卫生、公共管理与服务以及装备制造 3 类专业的在校生份额出现了缩减，其中以公共管理与服务类和医药卫生类下降幅度最大，2016 年比 2012 年分别下降 2.24 和 2.01 个百分点。从专业扩张的情况来看，两国在校生份额有所提升专业的扩张都比较“温和”，其中，我国的电子信息相关专业在校生份额提升较快，2018 年比 2016 年提升 2.31 个百分点，其次是教育与体育类和交通运输类，分别提升 1.13 和 1.01 个百分点，而美国以财经商贸类专业增长最快，2016 年比 2012 年在校生份额提升 1.51 个百分点（见表 4–5）。

表 4–5　中美两国高职专业类型在校生规模与比重变动比较

专业类型	中国高职（2016—2018 年）		美国社区学院（2012—2016 年）	
	在校生规模增减（万人）	份额增减（%）	在校生规模增减（万人）	份额增减（%）
财经商贸	–16.48	–2.43	–20.85	1.51
文化艺术	1.01	–0.13	–5.75	0.26
新闻传播	0.51	0.01	–1.2	0.14
教育与体育	18.04	1.13	–9.99	0.34
公安与司法	–0.16	–0.07	–11.31	0.16
公共管理与服务	1.66	0.11	–29.74	–2.24
农林牧渔	1.34	0.04	0.81	0.48
土木建筑	–15.92	–1.82	–1.96	0.06
装备制造	–2.47	–0.76	–11.19	–0.28
交通运输	14.25	1.01	0.2	0.18
电子信息	31.39	2.31	–0.31	0.13
医药卫生	18.31	1.07	–72.23	–2.01

四、启示

中美两国尽管产业结构以及高等教育所处发展阶段有所不同，高职教育专业结构的调整优化却有一定的普遍规律性。美国高职专业结构及其调整趋势对于明确我国高职专业结构优化路径有重要启示。

一是我国高职教育人才培养规模或许仍有充足的扩招空间。在我国高等教育规模已经跻身世界第一的今天，高职教育是否还有继续扩招的空间，是一个需要回答的时代命题。美国作为世界首屈一指的发达经济体，尽管涉及高等教育普及化阶段已经半个世纪有余，高等教育人才存量丰富，但社区学院仍保持了每年 600 万人以上庞大在校生规模。高等职业教育规模的扩张，一方面极大地满足了人们日益增长的接受高等教育的需求，另一方面顺应了经济产业发展和升级所带来的职业岗位“知识”和“技能”含量不断提升的新要求，这也为我国进一步推进高职扩招提供了依据。

二是高职专业结构调整应顺应产业需求结构变化的基本趋势。高职教育是以就业为导向的教育，这必然要求高职专业人才培养规模与产业需求相适应。从对比结果来看，中美两国高职专业人才培养的规模结构与本国的产业结构是基本一致的。如 2016 年，美国三次产业 GDP 的比重分别为 1.3%、24.0% 和 74.7%，而我国三次产业 GDP 的比重分别为 8.1%、39.4% 和 52.4%。尽管两国均呈现出“三二一”的基本格局，但我国一产和二产占比仍然相对较高，而三产占比相对较低。两国产业结构基本格局和差异性也在一定程度上体现到了高职各类专业人才培养规模结构中，我国专业在校生规模结构也呈现了“三二一”的基本格局，二产专业在校生比重要明显高于美国，而三产专业在校生比重也低于美国。基于对各国产业结构演化规律的认识，可以预见随着经济社会的进一步发展，三产在我国国民经济中的比重将进一步提高，由此也必将催生更多的高职人才需求，三产专业必将成为未来我国高职扩招的重点专业领域。

三是高职专业结构与行业结构的适应更多的是一种基于劳动力市场需求的弹性适应，而非机械匹配。不同产业的发展水平不同，对于高职类人才的需求强度也必然是不同的。如美国三次产业从业者的比重分别 0.9%、14.9% 和 84.2%，我国则分别为 27.7%、28.7% 和 43.5%，从业者在三次产业的分布结构与三次产业的 GDP 结构并不严格匹配，这主要是由产业发展水平差异导致劳动力吸纳能力的差异造成的。同样，由于高职教育具有“高等性”和“职业性”双重属性，[1]使得高职人才培养更多地应当面向行业中要求从业者具有较高等级技能水平的职业岗位，而行业活动的特性和发展阶段的差异性使得在不同的行业对于高职人才需求必然是不平衡的。因而，各类高职专业人才培养规模合理与否最终应由劳动力市场来检验，专业调整应与劳动力市场需求变动相适应。

四是着眼于经济社会发展规律，统筹推进重点行业相关高

[1] 孙毅颖．“高等性”和“职业性”二维视域下的高等职业教育质量评价［J］．中国职业技术教育，2015（12）：79.

职专业人才布局。从行业构成来看，尽管美国的医药卫生和公共事业管理类专业在校生规模和比重均有所下降，但仍显著高于我国，特别是美国的医药卫生类专业，占到了高职在校生总规模的近三成，这与美国发达的医疗卫生和公共服务产业是密切相关的。随着我国经济的发展、人口总量的增长、社会老龄化程度的提高以及人们对于高品质生活需求的日益增长，医疗卫生和公共服务行业的高技能人才需求也必将保持持续增长态势。近年来，我国高素质养老服务、家政服务、护理人才等的短缺现象已经凸显，尽管相关高职专业人才培养也有所增长，但是仍有巨大的拓展空间。

五是服务“中国制造 2025”等国家战略需求，进一步巩固和加强制造类专业。为了保持国民经济健康发展，提升国家竞争力，世界各国都重新审视制造业在国民经济体系中的重要地位，并纷纷制定了雄心勃勃的制造业振兴战略。在新的国际国内环境下，我国也适时推出了“中国制造 2025”国家战略，旨在改变中国制造业“大而不强”的局面，努力迈入制造强国行列。为保障制造业升级亟须的技术技能人才支撑，高职教育中制造类专业的地位是无论如何都需要巩固和加强的。从 2016 年中美两国高职制造类专业培养规模对比来看，我国装备制造类高职专业在校生规模突破了 130 万人，约为美国的 4 倍，在校生份额也达到了 12.0%，也远高于美国的 5.4%，这与我国制造业的发展水平和在国民经济中的支柱地位是基本适应的。但是我们还应该看到，美国还有 3 类与制造业紧密相关的通用型专业类，即“工程”“工程技术”“科学技术 / 技师”，如果我们将这些通用型制造相关专业的在校生也考虑在内的话，那么美国制造相关专业的在校生规模将达到93万，与我国的差距明显缩小，而且在校生份额将达到13%，也并不比我国低。同时，尽管美国制造业相关专业在校生规模和份额在这一时期有所下降，但其中的“精密制造”和“工程”两类专业在校生份额是有所上升的。反观我国装备制造类专业，在校生规模和在校生份额却有不断下降的趋势，这是一个值得警惕的现象。

第四节　我国产业发展及高职人才产业分布变化

“十二五”以来，我国产业结构发生了深刻变化，而产业结构的变化必然带来就业结构的变化。本部分将依据国家统计局主编的《中国统计年鉴》（2012—2018年）以及国家统计局、人口和就业统计司主编的《中国人口和就业统计年鉴》（2011—2019年）等，对我国十大类高职专业关联产业发展及就业结构变化趋势进行梳理，并重点把握高职人才就业的产业分布特征。

一、我国产业发展情况

“十二五”以来，我国经济经受了复杂国内外形势的严峻考验，保持了平稳较快增长，产业结构也不断优化升级。到2018年，我国GDP总量达到90.0万亿元，经济总量较“十一五”末增长 2.4 倍，第三产业所占比重由 44.1% 提高到 53.3%，而第二产业和第一产业的比重则分别下降到 39.7% 和 7.0%。

从行业来看，各行业增加值均呈现了不同程度的增长，其中金融业，卫生和社会工作，信息传输、软件和信息技术服务业，教育，文化、体育和娱乐业增长最快，增幅达到 100% 以上，建筑业，公共管理、社会保障和社会组织等行业的增长幅度也明显高于平均水平。相比之下，制造业、农林牧渔业、交通运输、仓储和邮政业的增长幅度较慢，其中农林牧渔业增长最慢，6 年间仅增长 36.2%。

尽管这一时期制造业在我国国民经济中的份额有所下降，但从体量来看，制造业仍保持了在我国经济中的主体地位，2017 年，行业增加值占我国国民经济总量的 29.3%。与制造业一样，农林牧渔业，交通运输、仓储和邮政业，建筑业的份额都有不同程度的下降。其中，以制造业和农林牧渔业下降较快，分别下降 2.53 和 2.16 个百分点。与此同时，金融业份额却实现较快提升，提升 2.69 个百分点，其在国民经济中的份额也提升到 7.97%，取代农林牧渔业，成为我国第二大行业（见表 4–6）。

表 4–6　2011—2017 年各行业增加值占比变动情况

（单位：%）

行业	2011 年份额	2017 年份额	份额变动
农林牧渔业	10.04	7.88	–2.16
制造业	31.83	29.3	–2.53
建筑业	6.75	6.74	–0.01

续表

（单位：%）

行业	2011 年份额	2017 年份额	份额变动
交通运输、仓储和邮政业	4.74	4.53	−0.21
信息传输、软件和信息技术服务业	2.07	3.22	1.15
金融业	5.28	7.97	2.69
教育	3.05	3.65	0.60
卫生和社会工作	1.58	2.32	0.73
文化、体育和娱乐业	0.64	0.81	0.17
公共管理、社会保障和社会组织	4.15	3.81	0.34

数据来源：《中国统计年鉴》（2012—2018 年）。

二、我国就业的行业分布与变化情况

这一时期产业转型升级与我国城镇化进程同步，对城乡就业结构和行业就业结构都产生了深刻影响。从分行业就业情况来看，就业与行业发展呈现了大体相当的态势。2018 年，我国各行业吸纳的就业人员[1]总数已达 7.76 亿人，比 2011 年增加 1166 万人。其中第三产业吸纳的就业人员占 46.3%，增长 10.6

[1] 指在一定年龄以上，有劳动能力，为取得劳动报酬或经营收入而从事一定社会劳动的人员。具体指年满 16 周岁，为取得报酬或经营利润，在调查周内从事了 1 小时（含 1 小时）以上劳动的人员；或由于学习、休假等原因在调查周内暂时处于未工作状态，但有工作单位或场所的人员；或由于临时停工放假、单位不景气放假等原因在调查周内暂时处于未工作状态，但不满 3 个月的人员。

个百分点。与此同时，第二产业和第一产业吸纳的就业人员比重则分别下降至27.6%和26.1%，分别降低1.9和8.7个百分点。从处于主要劳动力市场中的城镇单位就业人员[1]的行业构成来看，与2011年相比，至2018年，除农林牧渔行业就业人员数量出现下降外，其他行业就业人员数量均实现不同程度的增长。其中，建筑业，信息传输、软件和信息技术服务业，卫生和社会工作，金融业，交通运输、仓储和邮政业就业人员数量增长较快，增长幅度均超过20%，教育，文化、体育和娱乐业，制造业增长幅度相对较小，增长幅度均不超过10%（见表4–7）。然而，这期间就业人员的行业分布变化的具体路径并不相同。其中，农林牧渔行业所吸纳的就业人员数量经历了持续的下降过程；公共管理、社会保障和社会组织，金融业，卫生和社会工作，信息传输、软件和信息技术服务业所吸纳的就业人员经历了持续的增长；交通运输、仓储和邮政业，制造业，建筑业则经历了先升后降的过程；教育，文化、体育和娱乐业则相对稳定。

表4–7　2011—2018年各行业城镇单位就业人员规模变化情况

行业	增减额（万人）	增长率（%）
农林牧渔业	–166.92	–46.43
制造业	89.97	2.20

[1] 采用了国家统计局口径，指报告期末最后一日24时在本单位中工作，并取得工资或其他形式劳动报酬的人员数。该指标为时点指标，不包括最后一日当天及以前已经与单位解除劳动合同关系的人员，是在岗职工、劳务派遣人员及其他就业人员之和。

续表

行业	增减额（万人）	增长率（%）
建筑业	986.12	57.17
交通运输、仓储和邮政业	156.21	23.57
信息传输、软件和信息技术服务业	211.54	99.43
金融业	193.98	38.39
教育	117.83	7.28
卫生和社会工作	233.34	34.36
文化、体育和娱乐业	11.61	8.60
公共管理、社会保障和社会组织	349.87	23.84

数据来源：《中国劳动统计年鉴》（2012—2019 年）。

与行业增加值比重结构相似，尽管份额略有下降，但制造业仍吸纳了最多的就业人员，占全行业就业总数的 24.21%。相比之下，建筑业吸纳的就业人数增长比较迅速，在全行业中所占的份额由 11.97% 上升至 15.71%。教育行业和公共管理、社会保障和社会组织行业吸纳的就业人数也比较多，均占全行业就业人员总数的 10% 以上。建筑业，信息传输、软件和信息技术服务业，金融业，公共管理、社会保障和社会组织，卫生和社会工作行业所吸纳的就业人员份额均有所上升，以建筑业上升最快。教育，农林牧渔业，制造业，文化、体育和娱乐业等行业就业人员份额则均有所下降（见表 4-8）。

表 4-8 2011—2018 年各行业城镇单位就业人员占比变动情况

（单位：%）

行业	2011 年份额	2018 年份额	份额变动
农林牧渔业	2.49	1.12	–1.38
制造业	28.36	24.21	–4.15
建筑业	11.97	15.71	3.74
交通运输、仓储和邮政业	4.6	4.75	0.15
信息传输、软件和信息技术服务业	1.48	2.46	0.98
金融业	3.51	4.05	0.55
教育	11.22	10.06	–1.17
卫生和社会工作	4.71	5.29	0.58
文化、体育和娱乐业	0.94	0.85	–0.09
公共管理、社会保障和社会组织	10.18	10.53	0.35

数据来源：《中国劳动统计年鉴》（2012—2019 年）。

三、高职人才的行业分布

发展越快的行业就越能吸引受过良好教育的工人。[1] 由于各个行业劳动对象、劳动方式、技术水平等存在明显差异，不同行业对劳动力的教育素质结构需求是不同的。随着我国经济的不断发展，各行业的科技和管理水平也在不断提升，各行业对高职人才需求呈现出不同特点和趋势。从各行业的就业趋势来看，我国各行业吸纳高职（专科）层次就业人员总体呈现出

[1] Mincer Jacob，Yoshio Higuchi. Wage Structures and Labor Turnover in the U.S. and Japan［J］. Journal of the Japanese & International Economies，1988，2（2）：97.

逐年增加的态势。到2018年，具有高职（专科）学历的就业人员总数达到约8300万人，比2011年增加2500多万人。与此同时，高职（专科）学历就业人员在全部就业人员中的比重也达到10.8%，比2011年提高3.2个百分点，各行业就业人员的整体学历层次有了大幅提升。

从各行业就业人员的学历结构来看，各行业对高职人才的吸纳能力是有很大差异的。2018年，信息传输、软件和信息技术服务业，公共管理、社会保障和社会组织，金融业，卫生和社会工作行业对高职（专科）学历程度人员吸纳能力最强；教育，文化、体育和娱乐业高职（专科）学历就业人员占比也分别达到25.5%和21.8%，而建筑业、农林牧渔业则相对较低，均在一成以下，农林牧渔业比重最低，仅为0.7%。

从各行业就业人员学历结构的变动趋势来看，各行业对于高职人才的需求也呈现出不同的发展态势。这一时期，建筑业，制造业，交通运输、仓储和邮政业中具有高职（专科）学历的就业人员比重呈现了明显的增加趋势。其中，以信息传输、软件和信息技术服务业增长幅度最大，由11.6%上升至29.3%，增加17.7个百分点。与此同时，教育，卫生和社会服务，公共管理、社会保障和社会组织，文化、体育和娱乐业具有高职（专科）学历的就业人员比例则呈现了下降的趋势。其中，以文化、体育和娱乐业下降最为明显，由原来的26.4%降至21.8%，下降4.6个百分点。此外，公共管理、社会保障和社会组织行业中具有高职（专科）学历就业人员的比重也下降了3.4个百分点（见表4-9）。

表 4-9　2011—2018 年我国各行业高职（专科）学历就业人员比重变化情况

（单位：%）

行业	2011 年份额	2018 年份额	份额变动
农林牧渔业	0.5	0.7	0.2
制造业	7.9	10.8	2.9
建筑业	4.3	6	1.7
交通运输、仓储和邮政业	10.8	11.6	0.8
信息传输、软件和信息技术服务业	11.6	29.3	17.7
金融业	29.9	26.6	2.7
教育	27.4	25.5	–1.9
卫生和社会工作	31.8	30.9	–0.9
文化、体育和娱乐业	26.4	21.8	–4.6
公共管理、社会保障和社会组织	32.4	29	–3.4

数据来源：《中国人口和就业统计年鉴》（2012—2019 年）。

第五节　我国职业结构变化及高职人才职业分布变化

职业结构是就业结构的重要组成部分。本部分将依据国家统计局人口和就业统计司主编的《中国人口和就业统计年鉴》（2011—2019 年）对 2010—2018 我国职业结构的变化进行梳理，并重点把握高职人才就业的职业分布。

一、我国职业结构变化

伴随着技术进步和产业结构调整，我国就业人员的职业结构也发生了深刻变化，突出表现为以农林牧渔水利业生产人员为代表的第一产业就业人员的大幅减少，以及以商业、服务业人员为代表的第三产业就业人员的大幅增长。2011—2018 年，我国农林牧渔水利业生产人员约减少 9400 万人，下降 12.8 个百分点，而商业、服务业人员约增加 9300 万人，增长 11.8 个百分点。商业、服务业人员取代农林牧渔水利业生产人员，成为吸纳就业人员最多的职业，总就业人数达 2.4 亿人。这一时期，以生产运输设备操作人员及有关人员为代表的第二产业就业人员也有所下降，减少 1.7 个百分点，就业人员减少 1000 多万人，但仍然是就业人数比较多的职业，吸纳了全国 21.9% 的就业人员。与 2011 年相比，办事人员的数量及比重也有了一定程度的上升，而单位负责人和专业技术人员两类职业吸纳的就业人员规模和份额均有所下降（见表 4–10）。

表 4–10　2011—2018 年我国就业人员各类职业分布变化情况

（单位：%）

职业类别	2011 年份额	2018 年份额	份额变动
单位负责人	2	1.6	–0.4
专业技术人员	9.9	8.7	–1.2
办事人员	5.4	9.3	3.9
商业、服务业人员	19.5	31.3	11.8

续表

（单位：%）

职业类别	2011 年份额	2018 年份额	份额变动
农林牧渔水利业生产人员	39.4	26.6	–12.8
生产运输设备操作人员及有关人员	23.6	21.9	–1.7
其他	0.3	0.5	0.2

数据来源：《中国人口和就业统计年鉴》（2012—2019 年）

二、高职人才的职业分布

从各类职业中就业人员的学历构成来看，不同类型的职业对高职人才的吸纳能力是不同的。2018 年，商业、服务业人员是吸纳高职人才最多的职业，其所吸纳的高职人才规模达 3084.1 万人，其次是专业技术人员和办事人员，所吸纳的高职人才分别为 1836 万人和 1955.4 万人。生产运输设备操作人员及有关人员所吸纳的高职人才规模也达到 1070.5 万人。相比之下，单位负责人和农林牧渔水利业生产人员职业岗位所吸纳高职人才的规模相对较小，分别为 278.1 万人和 123.8 万人。

不同类型职业对高职人才的需求呈现了不同的变动趋势。从各类职业中的高职（专科）学历的就业人员数量来看，2011—2018 年，商业、服务业人员中的高职人才增加 1728 万人，办事人员和生产运输设备操作人员及有关人员中的高职人才也分别增加 828.8 万人和 150.7 万人。相反，单位负责人、专业技术人员、农林牧渔水利业生产人员等职业吸纳的高职人才出现不同程度的下降。

从各类职业就业人员的学历结构来看，专业技术人员和办事人员是高职人才所占比重比较高的职业类型。2018 年，高职人才在这两类职业岗位就业人员中占 1/4 以上的份额。单位负责人中高职人才的比重也达到 22.4%。农林牧渔水利业生产人员和生产运输设备操作人员及有关人员中高职人才比重相对较小。其中，农林牧渔水利业生产人员中高职人才占比只有 0.6%。2011—2018 年，除办事人员中的高职人才比重出现较快下降外，其他几类职业就业人员中具有高职人才的比重均有所提高。其中，又以单位负责人和商业、服务业人员提高最快，占比分别提升 4.2 和 3.6 个百分点。也就是说，这些职业中高职人才的增幅明显快于其他教育层次就业人员的增幅（见表 4-11）。

表 4-11　2011—2018 年我国各类职业中高职（专科）学历就业人员比重变化情况

职业类别	2011 年高职就业人员占比（%）	2018 年高职就业人员占比（%）	高职就业人员份额变动（%）	2011 年高职就业人员（万人）	2018 年高职就业人员（万人）	高职就业人员绝对量变动（万人）
单位负责人	18.2	22.4	4.2	278.2	278.1	–0.1
专业技术人员	26.3	27.2	0.9	1989.7	1836.0	–153.7
办事人员	27.3	27.1	–0.2	1126.6	1955.4	828.8
商业、服务业人员	9.1	12.7	3.6	1356.1	3084.1	1728.0
农林牧渔水利业生产人员	0.5	0.6	0.1	150.5	123.8	–26.7
生产运输设备操作人员及有关人员	5.1	6.3	1.2	919.8	1070.5	150.7
其他	11.9	15.3	3.4	27.3	59.4	32.1

注：由于在汇总计算时均四舍五入保留小数点后 1 位，造成合计数与前一部分高职（专科）就业人员数有偏差。

数据来源：《中国人口和就业统计年鉴》（2012—2019 年）。

第六节　高职人才供给与劳动力市场需求适切性研判

为更加准确地把握我国高职专业调整与劳动力市场需求的适切性，本部分将依据国家统计局人口和就业统计司主编的《中国人口和就业统计年鉴》（2011—2019 年）、教育部发展规划司主编的《中国教育统计年鉴》（2011—2018 年）[1]和麦可思研究院编的《中国高职高专生就业报告》（2015—2018 年）[2]，重点对“十二五”以来，我国高职各类专业人才供给、需求趋势和特征进行比较，以进一步衡量高职专业人才供给规模和结构调整与劳动力市场需求变动协调程度。

一、新增高职人才就业的产业和职业分布

现有统计数据中行业或职业就业人员数量结构更多反映的是当年各行业或职业就业人员的存量，不能准确反映当年度实

[1] 提供了 2011—2018 年高职分专业大类的毕业生数基础数据。需要说明的是，其中关于高职各类专业毕业生的统计口径也为普通专科（高职），实际上不仅包含独立设置高职学院的高职生，也包含普通本科院校的普通专科（高职）生，因此是一个全口径的统计。

[2] 主要参考其中关于高职毕业生就业率和工作相关度的基础数据。需要说明的是，该报告中数据为抽样调查数据，2015—2018 年调查的样本量分别为 12.7 万人、14.2 万人、15 万人和 15.1 万人。

际新增就业岗位的情况。为把握高职人才实际需求结构及变化，本研究根据《中国人口和就业统计年鉴》(2011—2019年)的相关统计数据，重新计算了各行业、职业的高职（专科）教育层次人才[1]就业人员年度增量，以更加准确地把握各类产业、职业的新增高职人才就业岗位数量及变化趋势。

统计结果发现，尽管“十二五”以来，我国产业发展持续为高职人才提供了大量的新增就业岗位，从不同行业的具体情况来看，各行业对于高职人才的新增需求却呈现不同趋势。除建筑业呈现出持续的新增就业需求外，其他的几个行业都出现过不同程度的需求不足；同时，不同行业的高职人才需求均呈现出快速变化的特点，各行业年度新增高职人才需求均出现了不同程度波动，规律性较不明显。

同样，从各类职业新增就业岗位的情况看，“十二五”以来，不同职业对高职人才需求也呈现出不同趋势。除商业、服务业人员和办事人员呈现出持续新增需求外，其他几类职业都出现过不同程度的新增需求不足的现象；同样，不同职业的人才需求也均呈现出快速变化的特点，各类职业高职人才需求均出现了不同程度的波动，各类职业新增高职人才就业需求规律性也较不明显。

[1] 考虑到高职专业人才所对应的受教育程度是大学专科层次学历，而且进入21世纪之后，我国从制度设计上已经将原有的普通专科教育整体转入高等职业教育的范畴，为了把握行业对于高职专业人才的需求，本研究以学历层次为标准，对各行业、职业就业人员中具有高职（专科）教育层次学历的就业人员数量及变化进行推算统计。

二、我国各类高职专业毕业生供给量调整

从我国各类高职专业毕业生的供给情况来看，2018 年，农林牧渔、交通运输、土木建筑、医药卫生、文化艺术 5 类专业的毕业生规模均较 2011 年有所增长，而装备制造、电子信息、公共管理与服务、教育与体育 4 类专业毕业生规模均出现不同程度的下降。但是从各类专业毕业生规模调整的过程来看，与各类行业和职业新增职业岗位需求无规律的波动性相比，高职各类专业毕业生规模的调整却相对较为平稳，并有较强的趋势性特征。“十二五”以来，只有交通运输和医药卫生两类专业毕业生规模呈现了稳定的持续增长态势，其他各类专业尽管呈现了波动，但波动幅度相对较小。其中，财经商贸、文化艺术类专业总体呈现出规模扩张态势；教育与体育类专业总体呈现了规模下降态势；土木建筑类专业呈现先升后降态势；装备制造、电子信息类专业则呈现出先降后升的态势；相比之下，农林牧渔、公共管理与服务类专业招生规模则保持了基本稳定（见图 4–8）。这与关联行业或职业新增高职人才需求的无规律波动形成了鲜明的对比。

三、各类高职专业毕业生就业机会及变化态势：基于就业率视角

就业率是反映毕业生就业程度的指标，直接反映出劳动力

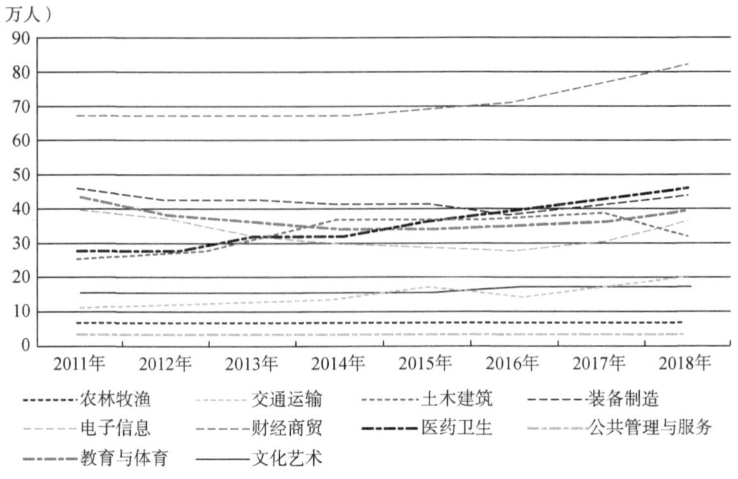

数据来源：《中国教育统计年鉴》（2011—2018 年）。

图 4-8　2011—2018 年我国各类高职专业毕业生供给量调整情况

市场对高职各类专业毕业生的现实需求。从全国高职院校毕业生的总体就业情况来看，2015—2018 年我国高职高专应届毕业生毕业半年后的总体就业率分别为 91.2%、91.5%、92.1% 和 92%，保持了平稳上升的总体态势，并从 2017 年开始扭转了多年来就业率低于本科的态势，就业率实现反超。这说明，高职毕业生的就业机会还是相对比较充足的。

从专业类的就业情况来看，各类高职专业应届毕业生的就业率总体来看是较为均衡的。2015—2018 年，除医药卫生类专业毕业生就业率个别年份低于 90% 以外，其他类专业均处于 92% 的平均水平上下。当然，其中也存在一定的专业差异性，比如，农林牧渔、医药卫生两类专业就业率就相对较低，长期处于 91% 以下的水平，而公共管理与服务类则相对较高，均处于 92% 以上的水平。从变化趋势来看，土木建筑、交通运输、装备制造、文化艺术 4 类专业保持了就业率稳步提升的态势，其他 6 类专业均出现了不同程度的波动（见表 4–12）。

表 4–12　2015—2018 年高职高专分专业大类毕业半年后就业率及变化情况

（单位：%）

专业大类	2015 年	2016 年	2017 年	2018 年	2016 年较 2015 年	2017 年较 2016 年	2018 年较 2017 年
公共管理与服务	92.6	92.9	93.4	93.3	0.3	0.5	–0.1
土木建筑	91.2	92.1	92.9	93.2	0.9	0.8	0.3
装备制造	92.0	92.3	93.0	93.0	0.3	0.7	0.0
交通运输	92.1	92.3	92.7	93.0	0.2	0.4	0.3
教育与体育	91.5	91.3	92.3	92.2	–0.2	1.0	–0.1
财经商贸	91.7	91.8	92.3	92.0	0.1	0.5	–0.3
电子信息	91.3	91.3	92.1	91.8	0.0	0.8	–0.3
文化艺术	90.2	90.6	91.3	91.3	0.4	0.7	0.0
医药卫生	90.1	89.7	90.6	90.9	–0.4	0.9	0.3
农林牧渔	90.4	90.1	90.6	90.4	–0.3	0.5	–0.2
全国平均	91.2	91.5	92.1	92.0	0.3	0.6	–0.1

注：就业率 = 已就业高职高专毕业生数 / 需就业的高职高专毕业生总数；其中，已就业毕业生数不包括升本科学生，需就业的总毕业生数同样不包括升本科学生。

数据来源：《中国高职高专生就业报告》（2015—2018 年）。

四、各类高职专业毕业生就业机会及其变化态势：基于工作与专业相关度视角

工作与专业相关度是反映专业人才培养规格与职业岗位契合度的指标，更好地反映了高职专业人才培养与劳动力市场的适应程度。从已进入职业岗位毕业生的工作与专业相关度调查结果来看，高职毕业生的就业形势并不容乐观。总的来看，高职应届毕业生就业工作与专业相关度并不太高，基本保持在62%左右的水平，大大低于同期本科毕业生的平均水平（71%）。进一步从专业大类来看，就会发现就业失衡的情况在不同类别专业之间表现得更加突出。其中，医药卫生类专业应届毕业生就业工作与专业相关度最高，基本保持在90%左右水平，其次是土木建筑类专业，工作与专业相关度也基本保持在70%左右。而公共管理与服务、财经商贸、电子信息、农林牧渔4类专业则相对较低，均处于60%以下（见表4–13）。

从变化趋势来看，装备制造类专业毕业生就业工作与专业相关度呈现了逐年下降的趋势。相反，教育与体育、文化艺术、医药卫生类专业则呈现了上升的趋势，其他6类专业的毕业生就业工作与专业相关度均呈现出不同程度的波动。

表 4-13　2015—2018 年高职高专分专业大类工作与专业相关度及变动

（单位：%）

专业大类	2015年	2016年	2017年	2018年	2016年较2015年	2017年较2016年	2018年较2017年
公共管理与服务	51	54	55	53	3	1	-2
土木建筑	69	64	68	71	-5	4	3
装备制造	57	54	53	53	-3	-1	0
交通运输	63	65	65	64	2	0	-1
教育与体育	63	65	67	70	2	2	3
财经商贸	58	58	56	54	0	-2	-2
电子信息	53	53	51	52	0	-2	1
文化艺术	63	63	65	65	0	2	0
医药卫生	89	89	90	90	0	1	0
农林牧渔	57	56	55	56	-1	-1	1
全国平均	62	62	62	62	0	0	0

注：专业工作相关度＝受雇全职工作并且与专业相关的毕业生人数 / 受雇全职工作的毕业生人数。

数据来源：《中国高职高专生就业报告》（2015—2018 年）。

本章小结

本章重点从劳动力市场需求匹配的视角出发，通过对“十二五”以来我国各类高职专业人才供给结构调整与劳动力需求结构变动协调性的分析，得出以下结论。

第一，回顾我国高职改革与专业建设的历史发现，高职专业人才培养与劳动力市场的结构性就业矛盾是推动高职专业调整的一条主线。自我国高等职业教育产生以来，高职专业人才供给与劳动力市场需求错位的现象是一直存在的，只不过在高职教育发展的起步阶段，由于高职规模比较小，这一问题并不突出。进入21世纪以后，随着高职教育规模快速扩张，就业压力陡然上升，这一问题开始凸显。为了解决这一问题，专业调整和结构优化成为我国高等职业教育改革发展的一项长期任务。尽管我国在高职教育管理体制改革、落实高职院校专业设置与调整的自主权及专业调整机制建设等方面都有所推进，从实践效果来看却并不理想。在我国经济步入新常态后，高职教育在为经济发展方式转变和产业结构转型升级提供高素质技术技能人才支撑方面被寄予厚望。在这样一个新的时代背景下，引导高职院校贴近产业需求加快专业调整，全面提升人才培养与产业发展适切性的任务变得更加紧迫。

第二，“十二五”以来，我国产业结构转型升级的进程不断加快，产业结构发生了显著变化，突出表现在以金融业、租赁和商务服务业、房地产业等为代表的第三产业的快速发展。产业结构的变化引起了就业结构的深刻变化。除农林牧渔业外，就业结构的变化与行业发展是总体同向的。由于不同行业的就业弹性不同，行业发展所吸纳的就业人员增长幅度却并不成正比。我国行业发展所吸纳的高职人才保持了不断增长的态势，其中，信息传输、软件和信息技术服务业，公共管理、社会保障和社会组织，金融业，卫生和社会工作行业吸纳高职人才就业的能力相对更强。

第三，“十二五”以来，随着技术进步和社会发展，我国的职业结构也发生了深刻变化，突出表现为以农林牧渔水利业生产人员为代表的第一产业就业人员的大幅减少和以商业、服务业人员为代表的第三产业就业人员的大幅增长。各类职业对于高职人才的需求强劲，除农林牧渔水利业生产人员，其他各类职业中高职（专科）学历的就业人员数量都出现了增长，以商业、服务业人员和办事人员两类职业增长最为明显。然而，不同职业对于高职人才的需求强度并不相同，高职人才的增长幅度在不同职业间存在明显的结构性差异。一方面，知识、技术含量高的专业技术人员与对知识、技术要求相对较低农林牧渔水利业生产人员、生产运输设备操作人员及有关人员对高职人才的需求强度在相对减弱；另一方面，对知识与技能要求相对较高的商业、服务业人员和办事人员却有着较为强劲的需求。

第四，“十二五”以来，各行业、职业对高职人才的新增需求均呈现了明显的波动性特点。从行业来看，对高职人才的新增需求呈现出显著的行业差异性。其中，建筑业对高技能人才保持了强劲的需求。其他行业的需求则呈现了较为明显的波动性。从职业来看，除商业、服务业人员和办事人员呈现出持续新增需求外，其他的几类职业均出现过不同程度的新增需求不足的问题。不同行业、职业的人才需求也呈现出快速变化的特点，新增高职人才就业需求的规律性较不明显。

第五，“十二五”以来，我国高职专业调整总体经历了一个加速的过程，高职专业的类型结构、布点结构和规模结构都发生了重要变化，主要表现在以下几个方面。第一，这一时期专业布点数在持续增加，专业种类却呈现回落态势，说明这一时期很多高职院校增加专业布点的冲动不减，但专业设置不再一味求专业种类的“新”，而更倾向于从现有专业种类中去发掘生长点，而一批“老”的专业种类正在被学校加速淘汰。这种现象在除医药卫生大类外的各类专业中均有明显体现。第二，专业布点数和招生规模呈现出一种结构性增长态势。高职院校的专业布点更多地向土木建筑、交通运输、财经商贸、医药卫生和文化艺术类专业倾斜，而农林牧渔、装备制造、电子信息、教育与体育类专业则并不受高职院校的青睐。部分专业类型的调整幅度较大，如交通运输类专业布点增长 72% 以上，布点份额也有大幅提升。相比之下，文化教育、电子信息等类专业布点数则出现了不同程度的下降。同样，尽管高职专业招生总规模呈现增长态势，也存在结构性失衡现象。除电子信息、医药卫生、交通运输、公共管理与服务、教育与体育、文化艺术类专业招生占比有所提升外，其他几个专业类招生份额均有所下降。其中以电子信息、医药卫生和交通运输类专业招生增长最快。而同一时期，教育与体育、土木建筑、装备制造等类专业招生数则下降较为明显。

第六，从高职人才的供给规模调整情况来看，与行业、职业新增高职人才需求变动缺少规律性相反，由于人才培养的周期性特点，高职各类专业人才供给调整却呈现了明显的趋势性特征。交通运输、医药卫生、财经商贸、电子信息、文化艺术类专业总体呈现出规模扩张态势，教育与体育、土木建筑、装备制造类专业则呈现出规模下降态势，而农林牧渔、公共管理与服务类专业毕业生供给规模保持了相对稳定。高职专业调整的趋势性特征与各类行业、职业对高职人才新增需求的剧烈波动性特点形成鲜明的对比。

第七，从各类高职专业毕业生在劳动力市场上就业机会来看，尽管高职应届毕业生的就业率保持了平稳上升的总体态势，高职应届毕业生就业工作与专业相关度却比较低，高职专业人才供给与劳动力市场需求错位的问题依然较为突出。从专业类型来看，供求错位的问题在财经商贸、电子信息、农林牧渔、文化艺术和教育与体育等类专业中表现得尤为严重。这些类型的专业，特别是对于那些专业人才供给规模不断扩张而毕业生工作与专业相关度较低的专业，比如财经商贸类专业，应成为我国未来调整优化的重点专业领域。

通过以上分析，我们有理由相信，行业相关高职专业供给结构的失衡，以及供给结构调整的及时性和准确性偏差是造成劳动力市场结构性就业矛盾的重要因素。从专业调整的实际结果看，我国高职的各类专业人才的供给存量与结构没有很好地对接劳动力市场需求。从调整的方向和幅度看，我国高职专业调整的增减量与幅度也没有及时跟上需求变化。这种教育供给端的不匹配、不协调，在很大程度上已经注定了劳动力市场上的供需失衡会成为一种必然结果。

第五章　高职专业调整的市场模型检验

供给与需求问题是经济学中的一个基本问题，自由主义经济学家通常认为市场机制可以发挥调节作用促进供需均衡。高等职业教育作为一种就业导向的教育类型，其专业人才培养必然要去主动适应和满足劳动力市场的需求。然而，事实上，无论从专业人才供给的规模结构对劳动力市场需求的实际满足程度来看，还是从专业人才结构调整与需求结构变动趋势的协调性来看，高职专业调整与劳动力市场需求的适切性都是比较差的。那么，我们不禁要问，为什么会出现这种现象？市场机制到底在我国高职专业调整过程中发挥着什么作用？为更加深刻地把握造成我国高职专业人才培养供给侧结构性失衡的原因，需要我们借助经济学的理论视角，探寻高职专业调整与劳动力市场需求变动的关系，并找出影响市场机制发挥作用的因素。

本章以经济学的市场供求关系理论为基础，对我国高职专业调整的市场信号进行分解，并提出高职专业调整的市场模型。结合《高等职业院校人才培养工作状态数据采集平台》2016—2019年的观测数据，本研究分别选取“专业布点增长率”和“专业招生规模增长率”作为专业调整变量，“工资水平”和“就业机会”作为劳动力市场信号变量，进一步采用双变量相关的方法，对市场模型对于我国高职专业调整的解释力进行实证检验。

第一节 市场模型

高职教育作为一种具有鲜明就业导向的教育类型，市场供求关系理论对高职专业调整有较强的指导意义。从经济学角度来看，专业调整的本质是学校生产资源配置问题，劳动力市场上的供需失衡意味着资源配置效率的降低。假如劳动力市场需求既定，而专业没有开设，意味着无法向相关劳动力市场提供相应的专用人力资本供给；如专业招生规模不足，则意味着向劳动力市场供给的产能不足；相反，专业招生规模如果过大，也会导致供给相对过剩的问题。要实现供需匹配，从供给侧来讲，要求高职院校能根据市场需求变动及时调整专业结构和人才供给规模。即当一种专业人才需求增加时，高职院校能及时增加该种专业的产能，扩大供给规模以满足市场的需求；当一种专业人才需求减少时，高职院校则能及时消减过剩的生产能力，及时进行减招甚至停招。这种调节机制高效运转时，不同专业人才的供给与需求量是相匹配的，供给结构与需求结构之间不会产生较大偏差。这样，劳动力市场需求得到了最大满足，所有的供给都具有了社会效益，高职院校也实现了资源配置效率的最大化。

本研究重点关注市场对高职专业调整的影响。首先，我们需要对“市场”进行解读和细分。在教育领域，市场可以被理解为与商业相关的一些逻辑或者实践。市场对于教育的影响非常广泛，大致包括以下几个方面：（1）面向劳动力市场和生源市场进行专业和课程调整；（2）根据外部资源提供者（如政府和私人捐赠者）的偏好进行专业和课程调整；（3）用市场营销的方式吸引生源和各种外部资源；（4）在学校管理中采用企业化管理的方式等。对于高职教育来讲，专业供给所服务的市场，最为直接和明显的就是劳动力市场和生源市场，这是因为高职教育作为一种就业导向的教育类型，一方面肩负了为社会提供高等教育入学机会的使命，另一方面承担着为劳动力市场输送合格高素质技术技能人才的重要任务。这两种市场既有区别又有联系。其中，劳动力市场的需求，具体来讲就是来自各产业、行业用人单位对各类专业毕业生的用人需求，需求指向的产品是即将进入劳动力市场的各类专业毕业生；而生源市场的需求，即学生和家长对高职各类专业的受教育机会需求，也就是对于高等教育学位的需求。需求指向的产品则是各类高职专业的入学机会。两个市场的联系在于：第一，两个市场有着共同的供给主体，即高职院校，它们根据劳动力市场或生源市场的需求来组织专业产品的供给。第二，从供给的组织实施来看，两个市场中交易的产品，实质上又是统一的。这是因为，高职院校每年能够向劳动力市场供给的专业毕业生数量和结构在实质上已经在很大程度上由三年前的专业招生数量和结构决定了。也就是说，高职专业资源的配置状态决定着两个市场产品供给的数量和结构。第三，劳动力市场的需求在一定程度上影响着生源市场。这是因为，作为一种就业导向的教育，是否能够获得更好的就业机会是很多学生和家长在选择高职专业时的重要影响因素。但生源市场与劳动力市场的这种关联并非总是完全一致的。这是由于学生家长所获取的劳动力市场需求信息多是一些即时性的不完整信息，而且，由于一名高职学生从入学到毕业进入劳动力市场需要经过一个长达三年的培养周期，彼时劳动力市场很可能已经发生改变。

根据市场需求灵活设置和调整专业，主动适应区域、行业经济和社会发展的需要是高等职业教育的一大特色。本章中，笔者将从劳动力市场与专业调整的关系入手，重点关注劳动力市场需求信号对专业调整的影响，检验市场模型对一定期间内高职专业调整的解释能力。在经济学市场均衡理论支持者看来，价格是最重要的市场信号，它由供求关系决定，同时又对供求关系起着引导调节作用。企业会根据价格变动带来的生产成本和收益的变动组织供给。具体到高职院校所面向的劳动力市场而言，这种发挥着供需调节作用的价格信号也就是雇主支付给毕业生的工资，尽管劳动力市场的交易双方是雇主和毕业生，高职院校并不直接参与劳动力市场的交易，但是工资作为价格信号，由于其最终会影响到劳动力市场上的各类人才供给，必然要求高职专业资源的配置与之相适应。另外，非均衡理论还告诉我们，除价格信号外，如就业机会多少之类的数量信号本身也可能会对专业供给产生调节作用。

综上所述，我们可以将高职专业供给的市场模型定义为，劳动力市场需求的变化会引起各类高素质技术技能人才就业机会和工资收入的变化，高职专业调整应与之相适应，通过调整各类人才的培养规模来保证各类人才供给能及时满足市场需求，从而最终使得劳动力市场供需趋于均衡。基于此，笔者提出如下的研究假设：我国高职专业调整与劳动力市场需求呈显著正相关关系。本研究将分别用“工资水平”和“就业机会”变量来衡量劳动力市场需求，并预期毕业生在劳动力市场上工资水平的提升会使相关专业的供给显著增加，同样，毕业生就业机会的增加也会使相关专业的供给显著增加。

第二节　数据、变量与方法

一、数据

本研究所用的高职专业相关数据均来自高等职业院校人才培养工作状态数据采集平台（以下简称“状态数据库”）。该平台自 2008 年启动以来，每年定期采集全国各高职院校的基本办学条件、基础设施设备、师资配备、专业课程建设以及招生就业等数据。由于相关数据采集与教育部《高等职业教育年度质量报告》工作相结合，采集指标设定由教育部组织专家进行了充分论证，在数据填报方面有专门培训及“内容真实性责任声明”等相关配套管理制度，数据采集严谨规范，数据信度和效度均得到有力的保证。

为检验假设，本研究选取2016—2019年这样一段时期对我国高职专业调整情况进行追踪研究。这一时期，我国高职教育发展已经进入加快推进现代职业教育体系建设的新阶段，为解决产教供需之间的结构性矛盾，更好地发挥教育对经济发展和产业升级的促进作用，我国高职专业结构优化也受到空前关注，高职专业调整力度明显加大。需要说明的是，2016—2019年，该平台数据采集的对象为全国独立设置的高职院校，因而不包含普通本科院校所开办的高职专业。另外，从每年实际入库院校的数量来看，各年入库的院校数量是逐年增加的，其中，2016年为1303所，2017年为1316所，2018年为1332所，2019年为1381所。

为保证研究的样本数量，需要进一步细化专业分类的口径。为此，笔者以我国新版高职专业目录中的二级类为依据来追踪观测2016—2019年我国高职专业的整体调整情况。由于这期间刚好经历了高职新旧版专业目录的交替（2016年及以前使用的是2004版高职专业目录分类，2016年以后则开始使用2015版高职专业目录分类），为保证分类口径的一致性，本研究仅以《普通高等学校高等职业教育专科（专业）目录（2004年）》和《普通高等学校高等职业教育专科（专业）目录（2015年）》两版专业目录中名称和内涵未发生改变的二级类作为研究对象。最终，共有49个专业二级类纳入研究范围。具体如表5-1所示。

表5-1　2016—2019年专业二级类样本情况

专业大类	专业二级类样本
财经商贸	财务会计类；工商管理类；经济贸易类；市场营销类
电子信息	电子信息类；计算机类；通信类
公安与司法	法律实务类；法律执行类；公安管理类；公安技术类；公安指挥类；司法技术类
公共管理与服务	公共服务类；公共管理类；公共事业类
交通运输	管道运输类；水上运输类；铁道运输类
教育与体育	教育类；体育类
能源动力与材料	电力技术类
轻工纺织	纺织服装类；轻化工类
生物与化工	化工技术类；生物技术类
食品药品与粮食	食品药品管理类
水利	水利工程与管理类；水利水电设备类；水土保持与水环境类
土木建筑	房地产类；建筑设备类；建筑设计类；市政工程类；土建施工类
文化艺术	表演艺术类；艺术设计类
新闻传播	广播影视类
医药卫生	护理类；临床医学类；药学类；医学技术类
装备制造	机电设备类；机械设计制造类；自动化类
资源环境与安全	安全类；气象类；石油与天然气类；资源勘查类

二、变量

本研究中的核心变量是关于专业调整的变量和关于劳动力市场需求的变量。

（一）专业调整变量

从宏观层面来看，专业调整具体可以分解为对专业布点数量的调整和对专业人才培养规模的调整两类。所谓专业布点是指专业在某一院校经过专业申报程序，经有关部门批准后获得了合法招生的权限。通常某一专业在某一所高校只有一个专业点，因此通过专业布点数量可以看出一个专业在高校中的发展及覆盖面情况。专业招生规模是指学校向社会招收的合格学员的数量。招生规模的变化在一定程度上能反映出高校对某专业的人才培养规模进行调整的努力。本研究参照史蒂文·布仑特等的研究，分别选取“专业布点增长率”和“专业招生规模增长率”两个指标。其中，专业布点增长率是衡量某类专业在院校中开设数量较基准年度增长幅度的指标，其计算公式为：

$$RS_{tj}=[SITE_{tj}-SITE_{(t-n)j}]/SITE_{(t-n)j}\times 100\%$$

其中，RS_{tj} 为 t 年度的 j 专业布点增长率，$SITE_{tj}$ 是 t 年度的 j 专业的布点数。

专业招生规模增长率则是衡量某一类专业招生数与基准年度相比的增长幅度。其计算公式为：

$$RE_{tj}=[ENR_{tj}-ENR_{(t-n)j}]/ENR_{(t-n)j}\times 100\%$$

其中，RE_{tj} 为 t 年度的 j 专业招生规模增长率，ENR_{tj} 是 t 年度的 j 专业的招生数。

（二）劳动力市场需求变量

史蒂文·布仑特等关于美国高校专业调整的研究将劳动力市场需求变量分解为相关职业平均收入、相关职业平均收入增长率、相关职业大学毕业生平均收入、相关职业大学毕业生平均收入增长率等四类信号指标。[1]克莱格·M. 罗林斯在研究美国专业调整的合法性时，将“当地专业劳动力市场强度”作为控制自变量，并选取 18—65 岁个体在相应专业领域中的就业率作为指标。[2]结合现有研究并考虑到数据的可得性，本研究分别选取“应届毕业生平均起薪水平”和“应届毕业生平均起薪增长率”两个指标来衡量“工资水平”变量；分别选取“毕业生就业率”“毕业生对口就业率”和“毕业生就业率增长幅度”“毕业生对口就业率增长幅度”两组指标来表征“就业机会”变量。

其中，应届毕业生平均起薪增长率反映了某类专业毕业生的起薪增长幅度。高职院校就业指导部门统计的应届生平均起薪，仅包括当年度应届毕业后首月的平均工资现金收入，不包

---

[1] Steven Brint，Kristopher Proctor，Scott Patrick Murphy，et al. The Market Model and the Growth and Decline of Academic Fields in U.S Four-Year College and Universities，1980–2000［J］. Sociological Forum，2012，27（2）: 275–299.

[2] Graig M.Rawlings.Reproducing Organizational Status Orders：Academic Pragram Differentiation in U.S. Colleges and Universities，1970–1990［J］.Academy of Management Annual Meeting Proceedings，2013（1）：17460–17486.

括奖金、业绩提成、现金福利补贴等。应届毕业生平均起薪增长率计算方法为：

$$SS_{tj}=[SALA_{tj}-SALA_{(t-n)j}]/SALA_{(t-n)j}\times 100\%$$

其中，SS_{tj} 为 t 年 j 专业毕业生平均起薪增长率，$SALA_{tj}$ 为 t 年 j 专业毕业生平均起薪水平，以人民币为计算单位。

毕业生就业率为高职院校就业指导部门统计的应届毕业生就业人数与当年度需要就业的高职毕业生总数之比，其计算公式为：

$$REMPLOY_{tj}=(EMPLOY_{tj})/GRAD_{tj}\times 100\%$$

同样，毕业生对口就业率计算公式为：

$$RMEMPLOY_{tj}=(MEMPLOY_{tj})/GRAD_{tj}\times 100\%$$

其中，$REMPLOY_{tj}$ 为 t 年 j 专业毕业生就业率，$RMEMPLOY_{tj}$ 为 t 年 j 专业毕业生对口就业率，$EMPLOY_{tj}$ 为 t 年 j 专业已就业毕业生数，$GRAD_{tj}$ 为 t 年 j 专业毕业生数，$MEMPLOY_{tj}$ 为 t 年 j 专业受雇全职工作并且与专业对口的毕业生人数。需要说明的是，已就业毕业生数不包括升本科学生，需就业的总毕业生数同样不包括升本科学生，而关于就职岗位是否与专业对口的评价主要根据学生自我评估结果，即只要毕业生自己认为就业的职业岗位与自己的专业对口，就被认定为对口就业。毕业生就业率直接反映了劳动力市场对于高职各类专业毕业生的现实需求，而毕业生对口就业率则更好地反映了毕业生所学专业与劳动力市场职业岗位的具体匹配程度。

“毕业生就业率增长幅度”旨在反映劳动力市场对高职毕业生需求的增减幅度，“毕业生对口就业率增长幅度”则旨在反映劳动力市场所提供的能让专业毕业生“学以致用”的就业岗位增减幅度。笔者分别用报告期与基期的差值对这两个指标进行测量。计算公式如下：

$$RE_{tj}=REMPLOY_{tj}-REMPLOY_{(t-n)j}$$

$$ME_{tj}=RMEMPLOY_{tj}-RMEMPLOY_{(t-n)j}$$

其中，RE_{tj} 为 t 年度的 j 专业毕业生就业率增长幅度，$REMPLOY_{tj}$ 为 t 年 j 专业毕业生就业率。ME_{tj} 为 t 年度 j 专业毕业生对口就业率增长幅度，$RMEMPLOY_{tj}$ 为 t 年 j 专业毕业生对口就业率。

三、双变量相关分析方法

笔者主要采用双变量相关的方法开展研究。这是因为，本研究的目的主要是检验市场模型对于解释高职专业调整的有效性问题，加入其他的控制变量没有太多的必要性。同时，考虑到样本量的局限以及协变量之间的共线性问题，加入其他的一些控制变量，可能也没有太多的意义。另外，从目前的文献资料来看，基于宏观层面数据对专业调整影响因素的实证研究还比较少，关于院校特征等其他因素对于高职专业调整的影响，我们在后面章节会再做进一步的分析。

斯皮尔曼等级相关是由英国心理学家斯皮尔曼（Spearman）提出的相关分析方法，开创了非参数统计的先河。当研究变量不再是等距或等比数据，抑或变量所服务的分布不是正态或近似正态分布时，通常就会用到该种方法。斯皮尔曼等级相关分析法就是把具有相关关系的两个数据按某种方法加以排列，然后再用两列成对数据的秩序之差来计算相关系数。斯皮尔曼等级相关系数是表示两个等级序列之间的相关程度的统计量，其计算公式如下：

$$Rho = \frac{\sum_{i=1}^{n}(R_{x_i} - \overline{R}_x)(R_{y_i} - \overline{R}_y)}{\sqrt{\sum_{i=1}^{n}(R_{x_i} - \overline{R}_x)^2}\sqrt{\sum_{i=1}^{n}(R_{y_i} - \overline{R}_y)^2}}$$

其中，R_{x_i}、R_{y_i} 分别是 x_i 和 y_i 的秩次。

本研究涉及了跨年度的数据追踪，而数据库中每年所包含的样本实际上是有所不同的，这使得我们难以断定这些样本的总体分布。相对而言，数据可能更加满足等级分布的要求，因此，我们使用斯皮尔曼等级相关系数（用 Spearman Rho 指数来衡量）来研究专业调整变量与劳动力市场需求变量间的相互关系。如果等级相关系数很高且统计显著，则我们可以暂时接受专业调整与劳动力市场需求相关的假设。

由于高职专业调整特别是专业布点的调整通常涉及大量相关资源的重新调配，专业人才培养也有一定的周期性特点，劳动力市场需求信号对于专业调整产生作用可能会有一定的滞后性，因此，本研究以 2016 年为参照，分别以一年（2016—2017 年）、两年（2016—2018 年）和三年（2016—2019 年）为观测周期来检验专业调整和劳动力市场需求信号变动的相关性。

第三节　描述分析结果

数据显示，2016—2019 年我国高职专业调整的幅度比较大。二级类专业布点平均增长率达到 5.1%，专业招生规模平均增长率达到 18.1%。从专业布点增长情况来看，教育与体育、食品药品与粮食和交通运输 3 个专业大类平均专业布点增长率都达到 60% 以上，而资源环境与安全、公安与司法、水利、新闻传播、轻工纺织和财经商贸 6 个专业大类专业布点均出现了下降，其中资源环境与安全大类三年间下降 31.16%。从专业招生规模来看，公共管理与服务大类专业招生规模增长最快，增长率达 117.01%，文化艺术、教育与体育大类增长也相对较快，增长率达 60% 以上，但与此同时，财经商贸、土木建筑、资源环境与安全以及装备制造等大类招生规模却出现了下降，其中，财经商贸大类招生规模下降 31.58%。

2016 年，我国各类高职专业就业率整体较高，毕业生平均就业率达 90.8%。其中，食品药品与粮食大类专业毕业生平均就业率最高，达 95.97%，财经商贸、电子信息、装备制造、生物与化工 4 个大类专业毕业生平均就业率也达 93% 以上。相比之下，公安与司法大类专业毕业生就业率较低，平均就业率仅为85.57%。2016年，我国各类高职专业毕业生对口就业率平均达62.2%，其中食品药品与粮食、生物与化工两类专业毕业生对口就业率最高，分别为74.48%和73.31%，公安与司法大类专业毕业生对口就业率最低，仅为49.33%。从毕业生平均起薪水平来看，2016年，我国高职毕业生平均起薪水平为2479.6元，其中，公安与司法大类平均起薪水平最高，达3288.07元，医药卫生大类毕业生起薪最低，仅为1859.42元。

2016—2019年我国高职专业毕业生的就业总体呈现稳中向好的态势。尽管这一时期高职毕业生就业率有所下降，但下降幅度较小，平均仅下降0.1个百分点。与此同时，毕业生对口就业率却平均上升7个百分点。但是从专业类来看，专业之间就业机会的增长并不均衡。比如，从毕业生就业率增长幅度来看，轻工纺织大类专业毕业生平均就业率提高最多，三年间提高8.47个百分点，食品药品与粮食大类则下降4.64个百分点；从毕业生对口就业率来看，轻工纺织大类和资源环境与安全大类分别提升17.05个和16.82个百分点，而食品药品与粮食大类则下降6.14个百分点。这一时期，各类高职专业毕业生的起薪水平得到普遍提高，高职毕业生平均起薪水平提升约40%。其中，电子信息大类专业提高最快，三年间提升88.87%，公安与司法大类和土木建筑大类专业则提升相对较慢，分别提升10.37%和24.61%，具体见表5-2、表5-3。

表 5-2　市场模型中样本描述统计结果（总体）

	N	极小值	极大值	均值标准误		标准差	方差
2016—2019 年布点增长率	49	−85.7	167.3	5.1	6.2	43.7	1907.0
2016—2019 年招生规模增长率	49	−65.6	377.8	18.1	9.4	65.9	4345.3
2016—2019 年就业率增长幅度	49	−15.4	18.8	−0.1	0.8	5.7	32.1
2016—2019 年对口就业率增长幅度	49	−9.3	52.5	7.0	1.7	11.6	134.0
2016—2019 年毕业生起薪增长率	49	−38.6	188.7	39.9	4.2	29.2	851.9
2016 年毕业生就业率	49	62.7	100.0	90.8	0.8	5.4	29.1
2016 年毕业生对口就业率	49	30.1	85.3	62.2	1.4	9.9	99.0
2016 年毕业生起薪水平	49	1604.4	5700.0	2479.6	87.9	615.0	378261.2

续表

表 5-3 市场模型变量的描述统计结果（分专业大类）

专业大类	布点增长率均值（%）	招生规模增长率均值（%）	毕业生就业率增长幅度均值（%）	毕业生对口就业率增长幅度均值（%）	毕业生起薪增长率均值（%）	2016 年毕业生就业率（%）	2016 年毕业生对口就业率（%）	2016 年毕业生起薪水平（元）
财经商贸	−6.40	−31.58	−0.74	5.65	40.20	93.33	62.34	2340.58
电子信息	9.82	41.93	−0.54	3.10	88.87	93.78	64.65	2444.37
公安与司法	−24.85	7.72	−3.29	10.84	10.37	85.57	49.33	3288.07
公共管理与服务	25.69	117.01	−0.04	8.43	43.41	91.27	55.98	2214.47
交通运输	62.64	28.49	−0.86	7.66	33.03	95.86	67.03	2866.03
教育与体育	72.87	81.63	−2.53	8.45	47.02	89.02	59.62	2114.93
能源动力与材料	17.36	38.54	0.98	8.91	43.02	89.04	64.86	2439.44
轻工纺织	−11.55	3.87	8.47	17.05	41.37	88.38	57.78	2496.59
生物与化工	2.94	3.43	0.78	−0.51	46.68	93.80	73.31	2359.15
食品药品与粮食	68.03	39.90	−4.64	−6.14	43.05	95.97	74.48	2158.03
水利	−8.20	5.92	0.76	6.39	56.47	88.28	64.50	2048.55

续表

专业大类	布点增长率均值（%）	招生规模增长率均值（%）	毕业生就业率增长幅度均值（%）	毕业生对口就业率增长幅度均值（%）	毕业生起薪增长率均值（%）	2016年毕业生就业率（%）	2016年毕业生对口就业率（%）	2016年毕业生起薪水平（元）
土木建筑	−2.57	−8.00	0.29	5.60	24.61	93.02	68.56	2633.39
文化艺术	10.72	56.87	1.67	7.90	41.06	88.50	58.52	2255.33
新闻传播	−6.84	15.79	−0.05	8.92	43.07	89.95	54.52	2238.82
医药卫生	14.81	21.21	−2.38	−3.03	54.89	89.10	69.26	1859.42
装备制造	1.37	−2.47	−0.13	5.25	33.43	93.56	69.24	2596.07
资源环境与安全	−31.16	−9.61	3.48	16.82	35.41	89.19	56.98	2502.23

第四节 相关分析结果

通过对各项指标年度数值取秩次，本研究分别计算了专业调整相关变量与劳动力市场需求相关变量之间的斯皮尔曼等级相关系数。结果如表 5-4 所示。

统计结果显示，专业布点增长率与毕业生对口就业率呈现显著强正相关，相关系数均在 0.3 以上，这意味着专业毕业生对口就业率较高，则相关专业布点增长的速度也就越快。从时间周期来看，2016 年毕业生对口就业率与 2016—2017 年专业布点增长率的相关系数为 rho=0.370（Sig.=0.009），2016 年毕业生对口就业率与 2016—2018 年专业布点增长率的相关系数为 rho=0.345（Sig.=0.015），2016 年毕业生对口就业率与 2016—2019 年专业布点增长率的相关系数为 rho=0.332（Sig.=0.02），也就是说专业对口率对一年后专业布点增长的影响要强于对两年后专业布点增长的影响，对三年后专业布点的影响出现进一步衰减。同样，专业布点增长率与起薪增长率、毕业生就业率、毕业生就业率增长幅度三个变量的相关性也在 2016—2017 年时有所反映，其中，专业布点增长率与起薪增长率的相关系数为 rho=0.273（Sig.=0.057），专业布点增长率与毕业生就业率的相关系数为 rho=0.251（Sig.=0.082），均在 0.1 的置信度水平上显著。也就是说，毕业生起薪增长幅度越大，就会有越多的高职院校开设该类专业；同样，毕业生就业率越高，下一年度也会有越多的高职院校开设该类专业。

令人意外的是，专业布点增长率与2016—2017年毕业生就业率增长幅度及专业招生规模增长率与2016—2018年毕业生就业率增长幅度间均呈显著负相关，其中，专业布点增长率与2016—2017年毕业生就业率增长幅度的相关系数为rho=-0.297（Sig.=0.052），专业招生规模增长率与2016—2018年毕业生就业率增长幅度的相关系数为rho=-0.277（Sig.=0.055），两者的相关性在0.1的置信度水平上显著。专业招生规模增长率与毕业生就业率增长的负向相关性在不同时间周期上都得到反映，只是从两年期和三年期来看不具有统计显著性。专业招生规模增长率与毕业生对口就业率增长幅度之间也呈现负向相关，但是同样不具有统计显著性。对此我们可以解释为，毕业生就业率增长幅度越大，同一时期开设该类专业的高职院校增长反而会越慢；毕业生就业率增长幅度越大，同一时期该类专业招生规模增长反而会越慢。尽管这一解释与研究假设刚好相反，却说明我国高职专业调整的方向与劳动力市场需求变动并不一致，这也就在一定程度上印证了我国供需结构性失衡问题产生的必然性。或者，我们也可以有另外一种解释，即开设该类专业的高职院校增长越慢，反而毕业生就业率增长幅度越大；开设该类专业的招生规模增长越慢，毕业生就业率增长幅度也反而会越大。这种解释同样在一定程度上印证了我国高职规模扩招与“就业难”之间的正向关系。

值得一提的是，无论是专业布点数增长率还是专业招生规模增长率均与毕业生平均起薪水平的相关性不具有统计显著性。这一结果与史蒂文·布仑特的研究结论相一致，其对1980—2000年美国专业调整与劳动力市场相关职业中位数收入水平相关性的实证检验，同样发现相关职业收入中位数水平的变化对同一时期专业调整没有作用。这一时期薪资水平变化与相关专业变化的相关系数是0.10且统计不显著。同样，他在把时间周期缩短至10年后，也得到了前10年即1980—1990年两者相关系数为负值（–0.02）且统计不显著的结果。

表5–4　双变量斯皮尔曼等级相关分析结果

变量	毕业生就业率增长幅度	毕业生对口就业率增长幅度	起薪增长率	毕业生就业率	毕业生对口就业率	起薪水平
2016—2019年布点增长率	–0.234	–0.181	0.18	0.199	0.332**	–0.215
2016—2019年招生规模增长率	–0.036	–0.172	0.025	–0.199	0.047	–0.146
2016—2018年布点增长率	–0.005	0.177	0.179	0.211	0.345**	–0.146
2016—2018年招生规模增长率	–0.277*	–0.099	–0.11	–0.208	–0.143	–0.012
2016—2017年布点增长率	–0.279*	–0.14	0.273*	0.251*	0.370***	–0.11

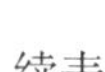

续表

变量	毕业生就业率增长幅度	毕业生对口就业率增长幅度	起薪增长率	毕业生就业率	毕业生对口就业率	起薪水平
2016—2017 年招生规模增长率	–0.105	–0.14	0.108	0.006	0.002	0.047

注：* 表示在 0.1 水平上显著，** 表示在 0.05 水平上显著，*** 表示在 0.01 水平上显著。

本章小结

为更加深刻地把握高职专业供给结构性失衡的原因，本章基于经济学的供求关系理论，探寻了我国高职专业调整与劳动力市场需求的基本关系，并提出了高职专业调整的理想市场模型。即劳动力市场需求的变化会引起各类高素质技术技能人才就业机会和工资收入的变化，高职专业调整应与此相适应，通过调整专业人才培养的规模和结构来保证各类人才供给及时满足市场需求，从而最终使得劳动力市场供需趋于均衡。

我们结合高等职业院校人才培养工作状态数据采集平台 2016—2019 年的观测数据，选取“专业布点增长率”和“专业招生规模增长率”两个指标作为因变量，选取“工资水平”和“就业机会”作为自变量，用双变量相关的方法实证检验了市场模型对于我国高职专业调整的解释力。实证结果有如下发现。

第一，我国高职专业调整的幅度较大，且出现结构性分化。这一时期，我国高职二级类专业布点平均增长率达 5.1%，而专业招生规模平均增长率更是达 18.1%。从专业内部结构来看，不同专业类之间调整的幅度并不平衡。其中，教育与体育、食品药品与粮食、交通运输是专业布点增长幅度较大的专业大类，而资源环境与安全类的专业布点却出现了较大降幅；同样，公共管理与服务、文化艺术、教育与体育等是专业招生规模增长较快的专业大类，而财经商贸类专业招生规模却出现了快速下降。

第二，2016—2019 年我国高职专业毕业生整体呈现出稳中向好的就业态势，对口就业率和起薪水平都有了大幅提升。同样，就业机会增长和就业质量提升也存在明显的结构性差异。从就业机会的改善情况来看，在轻工纺织和资源环境与安全类专业平均就业率和对口就业率均有大幅提高的同时，食品药品与粮食和医药卫生类专业却有所下降。同样，从工资水平的提升情况来看，在电子信息类专业毕业生起薪大幅提升的同时，公安与司法类和土木建筑类专业起薪水平增幅却明显落后。这种差异的背后恰恰反映出劳动力市场对于不同类型专业人才需求的不平衡性。

第三，市场模型对我国宏观高职专业调整有一定的解释力。斯皮尔曼等级相关分析结果显示，专业布点增长率与毕业生对口就业率呈现显著强正相关，且相关系数均在 0.3 以上，这意味着专业毕业生对口就业率越高，开设该类专业院校数增加也就越快。而且从时间周期来看，2016 年毕业生对口就业率与一至三年期间专业布点增长率的相关系数递次减小，说明专业对口率对专业布点增长的影响会随着时间周期的拉长而衰减。同时，专业布点增长率与毕业生起薪增长率、毕业生就业率、毕业生就业率增长幅度三个变量的相关性也在 2016—2017 年时有所反映，斯皮尔曼等级相关系数的值均为正值，且通过了显著性检验。这一结果支持了市场模型的基本假设，即毕业生在劳动力市场上工资水平的提升会使相关专业的供给显著增加，以及毕业生就业机会的增加也会使相关专业的供给显著增加。

第四，令人感到意外的是，我国高职专业调整与毕业生就业机会增长的负向相关性问题。由于本研究所用的双变量相关方法仅支持变量间相关关系，并不支持因果推断，笔者对这一结果给出了两种解释。一种是与市场模型假设相反的解释，说明我国高职专业调整与劳动力市场需求变动的方向并不一致，这在一定程度上证明了我国供需结构性失衡问题产生的必然性。另一种解释则在一定程度上印证了我国高职规模扩招与“就业难”之间正向关系，即专业布点和招生规模增长的幅度越小，反而毕业生的就业机会增长幅度就越大。另外，工资水平对于专业调整的影响也没有得到实证支持。

本研究的实证结果在一定程度上验证了市场模型对我国高职专业调整的解释力，证明了劳动力市场中的部分信号对于我国宏观层面的高职专业调整的确具有一定的引导作用。但与此同时，也让我们看到了我国高职专业调整与劳动力市场之间更加复杂的相互影响关系，即专业调整的方向与劳动力市场信号调节的方向或许并不一致。由于本研究的设计过于简单，且仅支持相关分析，尚不能支持作出因果推断。这使得我们难以回答为什么我国还是会存在供求错位的问题，也难以深入地找出高职专业供给与劳动力市场需求错位的影响因素。由于高职院校是专业调整的主体，要探寻造成高职专业供给失衡及无法实现及时有效校正的因素，还需要我们进一步从学校内部的专业自我调整机制上作更深入的剖析。

第六章　高职院校专业调整的影响因素研究

从我国高职专业调整的实际效果来看，专业人才供给的规模和结构配置没有能够很好地满足劳动力市场需求，专业调整的方向和节奏也未能及时跟上劳动力市场的变化。专业作为各类高技能人才的规格特征和主要的培养载体，供给侧高等职业教育专业资源配置的偏差，正是造成当前我国劳动力市场供需失衡的关键。微观经济学的生产理论认为，企业是各类产品供给的主体，在追求利润最大化的过程中，能够根据各类市场信号作出生产决策并不断优化生产组合。这启示我们，在宏观层面供求失衡的背后，需要更多地从生产主体面向市场的生产决策行为上去寻找原因。进入 21 世纪之后，我国高职院校面向就业市场自主办学的主体责任得到不断强化，专业设置和调整权作为高校办学自主权的重要内容，已经下放给了高职院校。进入“十三五”以后，高职院校在专业设置与调整方面，已经具有较为充分的自主权。那么，为什么我国当前劳动力市场上供求矛盾仍然如此突出呢？尽管第五章已经在一定程度上验证了市场模型对于我国高职宏观层面专业调整的解释力，但无法回答高职专业调整市场失灵的问题。那么，到底是哪些因素具体影响了高职院校专业调整的行为选择，其中，市场因素又发挥了什么样的作用？本章开始，笔者将进一步聚焦院校微观层面，以市场供求理论为基础，借助更加全面的理论视角，对高职院校专业供给行为的影响因素进行更加深入的研究。

第一节　市场模型扩展

作为一种就业导向的教育类型，市场模型是解释高职专业调整的一个理想模型。在这个模型之下，高职院校可以看作面向市场的供给主体，其在追求效益最大化的过程中，会根据市场信号作出生产决策，并不断优化产品组合。然而，这一模型关于完全竞争市场的假设一直被很多学者诟病。这是因为市场主体在生产过程中面临着市场结构、信息非对称、资源条件、交易成本等现实约束，难以实现真正意义上的完全竞争。更何况，高职院校毕竟不是企业，并不以利润最大化为目标。高职院校目标的多样性，专业产品及质量的模糊性，也严重制约了价格机制对高职专业人才供给调节作用的有效发挥。

尽管市场模型过于理想化，但 SCP 分析框架对高职院校专业调整仍有重要指导意义。这是因为，随着我国社会市场化进程的深入发展，高职院校的改革发展越来越离不开社会的资源支持，必须通过自身的服务换取生存和发展的重要资源。特别是在“国家示范性高等职业院校”“中国特色高水平高职学校”等一系列国家级建设计划等正在重塑高等职业教育生态的关键历史时期，高职院校发展面临重新洗牌、不进则退的严峻形势。为了争取到生存和发展的宝贵资源，高职院校必须置身于生源和劳动力两个市场并参与竞争。高职院校一方面需要通过毕业生在劳动力市场上的表现来向社会证明自我价值，另一方面需要通过生源市场的竞争来获取充足的优质生源，以保证生存和发展最基本的“原材料”供应。在高等教育日益普及化和大学生就业压力日益加大的今天，对于高职院校而言，来自两个市场的竞争压力可谓有增无减。

就业和生源两大市场的存在，使市场结构也成为影响高职专业供给行为的重要因素。由于我国高职教育实行以省为主的管理体制，高职生源以省内为主，毕业生就业也以省域为主，高职专业供给的竞争市场就具有了很强的区域性特征。在省域内，同一类型的高职专业开设院校数量有所不同。通常热门专业开设数量较大，行业性较强的专业开设数量相对较少，专业在校生规模也因校而异，因而市场集中程度依专业类型不同存在较大差异。同时，产品差别化在高职专业竞争领域是一个普遍现象。即使同一类型的高职专业，由于各院校具体人才培养方案、培养目标达成度的不同，毕业生的规格和质量也必然存在一定的差异。这种差别化最终会在劳动力市场上通过雇主对各院校同一类型专业毕业生不同的需求强度信号反映出来。

高职院校的专业调整也存在明显的进入与退出壁垒，主要表现在不同类型专业的办学成本差异，以及毕业生就业市场上存在的行业壁垒。例如，与文科类专业相比，举办工科类专业通常对实验实训仪器设备、实习实训场地等教学基本条件有较高的要求，专业课教师引进也相对困难，一次性投入和后期的维持成本都比较高，因此，开设此类专业的进入壁垒很高，尤其对于人文社科类院校更是如此。同样，对于已经开设了工科专业的院校而言，退出这类专业同样也面临资产专用性强、沉没成本高以及教师安置难等问题，退出壁垒也很高。另外，对于一些行业性强的专业而言，仍然存在一个相对封闭的行业劳动力市场。以铁路交通行业为例，毕业生劳动力市场在一定程度上被一些传统的铁路行业院校所垄断，其他类型的院校新开设铁道相关专业，毕业生很难进入该行业主要劳动力市场。进入与退出壁垒在高职专业调整中不同程度的存在，只是在高职院校全新进入某类专业或者完全退出某一类专业时表现得更加明显而已。

从高职院校专业供给市场的现实情况来看，三种市场结构在高职专业供给领域是共存的。第一种是完全竞争市场，这类专业进入与退出壁垒比较低，开设院校数量众多，产品差异化程度相对较低，最典型的是财经商贸等办学成本较低的热门专业；第二种是垄断市场，该类专业进入与退出壁垒相对较高，开设院校数量较少，产品差异程度相对较高，最典型的是装备制造等成本较高且行业性特征明显的专业；第三种是寡头市场，这类专业进入与退出壁垒非常高，一个区域一般只有一两所院校开设，产品基本没有竞争，最典型的是军事类等国家控制专业。当然，高职院校专业供给普遍具有多元化经营的特点，一所高职院校通常会同时涉猎多种类型专业的供给，因此，高职院校所具体面临的市场结构也更加复杂，大多数情况下，一般高职院校都要同时面临完全竞争和垄断两种市场。

与企业一样，在面向市场参与竞争的过程中，高职院校的专业供给与调整的决策也同时受到办学资源、管理和竞争能力等方方面面的约束，面临成本、规模、结构和效益的问题。基于以上市场模型及市场结构的相关理论分析，本章将重点检验劳动力市场信号以及市场结构对于高职院校专业调整行为的实际影响，并提出如下假设。

假设一：所开设的专业劳动力市场需求信号越强，高职院校越倾向于积极进入该类专业。

假设二：所开设的专业劳动力市场需求信号越强，高职院校越不倾向于退出该类专业。

假设三：所在区域内市场竞争者越多，高职院校越不倾向于进入该类专业。

假设四：所在区域内市场竞争者越多，高职院校越倾向于退出该类专业。

生源是高职院校赖以生存和发展的重要资源，生源市场也是高职院校必须要面对的另一个市场。与劳动力市场相比，生源市场对于高职院校的影响往往更加直接。罗伯特 · C. 迪克森（Robert C . Dickeson）认为“多年以来，吸引学生入学的市场压力刺激了大学学术项目（专业）的增长”。[1] 由于制度设计和社会文化等方面的原因，长期以来我国高职教育因其“职业性”而实际上成为兜

[1] Robert C. Dickeson.Prioritizing Academic Programs and Services［M］. San Francisco：Jossey-Bass Publishers，1999：10.

底式的高等教育，生源质量不高的问题成为很多高职院校发展的一大困扰。进入高等教育普及化阶段之后，随着高等教育入学机会的极大丰富和部分地区生源数量的减少，高职院校的生源危机变得更加严峻。对于生源市场而言，专业与课程是高职院校重要的产品，生源竞争势必会对高职院校专业调整行为产生影响。梁建军指出生源市场对高职专业调整的重要影响。[1] 为进一步检验生源市场对于高职院校专业调整的影响，本研究继续提出如下假设。

假设五：所开设的专业生源市场需求信号越强，高职院校越倾向于积极进入该类专业。

假设六：所开设的专业生源市场需求信号越强，高职院校越不倾向于退出该类专业。

笔者将市场结构和生源市场因素纳入市场模型之后，构建了高职院校专业调整的新市场决定模型，如下所示：

$$Y=A+\beta_1X_1+\beta_2X_2+\beta_3X_3+\beta_4X_4\cdots\beta_nX_n+r_{ij}$$

其中，Y 是专业调整因变量，A 是常量，X_1 是劳动力市场信号变量，X_2 是市场结构变量，X_3 是生源市场信号变量，$X_4\cdots X_n$ 是控制变量，β_1，β_2，$\cdots\beta_n$ 为上述解释变量的系数，r_{ij} 为随机扰动项。

[1] 梁建军．高职院校专业建设研究与实践［M］．合肥：中国科学技术大学出版社，2012：15.

第二节　数据、变量与模型

一、数据

本研究同样运用了高等职业院校人才培养工作状态数据采集平台（以下简称“状态数据库”）数据。与第五章对市场模型的宏观检验有所不同，为把握不同类型专业调整影响因素的差异，本研究依据专业的产业分类，分别选取农林牧渔、装备制造、电子信息、财经商贸、土木建筑、交通运输、医药卫生、教育与体育、文化艺术和公共管理与服务等 10 个专业大类作为研究对象。为追踪院校的专业调整情况，选取 2015—2018 年已有相关专业设置并有上届毕业生的院校作为样本，即在 2012 年之前就已经成立且招生，在 2015—2018 年仍继续办学，且有专业招生和上一届毕业生的高职院校。最终有 1026 所高职院校的 7139 个专业类案例进入样本库（见表 6-1、表 6-2）。因此，本研究的结论可以推广到截至 2018 年时已经实际办学达 6 年以上的高职院校。换言之，对于 2012 年以后新成立或者实际办学时间较短的高职院校本研究结论并不适用。

本研究以 4 年为跨度，是因为从高职院校调整的实践来看，高职人才培养以 3 年为一个周期，而且专业调整有一个酝酿筹备的过程，调整到位有一定的周期性和时间滞后性特点。

本研究以 2015 年为参照，实际上检验的是市场因素对之后 3 年内高职院校专业调整倾向的影响。

表 6-1　高职院校专业调整样本院校分布情况统计（按院校类型分）

学校分类		个案数（个）
按办学性质分	公办	767
	民办	259
按所在区域分	东北地区	91
	东部地区	417
	西部地区	246
	中部地区	272
按办学历史分	传统学校	950
	新建学校	76
按学校科类分（1）	综合院校	312
	理工院校	389
	师范院校	32
	财经院校	100
	民族院校	3
	语文院校	17
	医药院校	60
	农业院校	33
	林业院校	11
	体育院校	11
	艺术院校	34
	政法院校	24
按学校科类分（2）	理工农医类	493
	人文社科类	221
	综合类院校	312

表 6–2　高职院校专业调整样本院校分布情况统计（按专业类型分）

序号	专业大类	个案数（个）
1	财经商贸大类	866
2	电子信息大类	927
3	公共管理与服务大类	470
4	交通运输大类	702
5	教育与体育大类	791
6	农林牧渔大类	352
7	土木建筑大类	868
8	文化艺术大类	870
9	医药卫生大类	406
10	装备制造大类	887
合计		7139

为准确掌握高职院校专业设置与调整情况，本研究对2015—2018年我国高职院校的专业设置进行了整理和对比分析。这期间刚好经历了新旧高职专业目录的交替。为保证不同年度专业数据的可比性，笔者按专业代码进行了比对，专业代码相同即认定为同一专业。专业代码及专业分类均依据教育部《普通高等学校高等职业教育专科（专业）目录（2015年）》。

同时，为更准确地把握高职院校专业调整的路径差异，笔者进一步区分了专业调整的几种具体情形。其中，新增专业是指已经被教育主管部门批准设置，在当年度已经可以招生的新专业；停招专业是指具备当年招生资格，但学校未有招生的专业；撤销专业是指学校向教育主管部门提出撤销申请，并且于当年度获得批准，并未有招生的专业。为细化高职院校的进入行为，本研究将新增专业进一步区分成增设和新设两种类型：增设是指高职院校在已有专业类中新增专业布点的情形；新设是指高职院校进入一个全新专业类的情形，而之前该校未有该类专业的布点。同时，由于停招专业和撤销专业实际上均属于高职院校的专业退出行为，只是停招专业可能是一种短期的、临时性退出，而撤销专业则是一种长期的、永久性的退出。在本研究中停招专业和撤销专业被合称为“撤减专业”。

另外，本研究中还采用了《中国统计年鉴 2019》中的全国人口变动情况分省抽样调查数据。需要说明的是，本研究中院校事业发展及专业相关数据均为学年数据，而关于区域人口统计数据为年度数据。

二、变量

（一）因变量

高职院校的专业调整有两种基本模式：第一种是专业布点的调整，即专业布点的新增与撤减；第二种是专业招生人数的相对增减。由于专业布点的增加与撤减通常意味着师资、课程、实验及实习实训条件等方面的硬投入变化，通常发挥效益的周期较长，调整更加显性化；而专业招生人数的相对增减则更多是基于现有专业资源进行的调整，可不涉及专业实体的变化，调整相对更加便利也更加隐性化。本研究将第一种模式定义为专业绝对进入与退出模式，第二种定义为专业相对进入与退出模式。每一种调整模式又有几种不同的具体路径选择。第一种模式可分为专业绝对进入、专业绝对退出、专业全新进入和专业完全退出四种具体的路径，第二种模式可分为专业的相对进入和专业相对退出两种路径。其中，专业绝对进入和专业绝对退出，是指对于已经开设某类专业的高职院校，在观测期内继续增设或撤减该类专业布点的行为选择，其中继续增设专业布点者为专业绝对进入者，而撤减该类专业布点者则为专业绝对退出者；专业全新进入，是指对于没有开设某一类专业的高职院校而言，在观测期内新设了该类专业，即进入了一个全新专业类市场；专业完全退出，是指对于已经开设某类专业的高职院校而言，在观测期内撤减了该类专业的所有专业布点，也就是选择了从该类“整体退市”。专业的相对进入和相对退出则更多地反映高职院校内部对该类专业的生源配置变化。生源配置比重增大，说明学校更倾向于扩张该类专业，即称为相对进入；生源配置比重下降，则说明学校更倾向于让该类专业“萎缩”，即称为相对退出。

针对以上 6 种具体的专业进入与退出路径，本研究以每一个大类专业为一个总体，而针对不同的专业调整模式和路径，分别确定各自的观测组和对照组。其中，对专业绝对进入与退出影响因素的研究以专业绝对进入者、专业绝对退出者为观测组，以开设了某类专业而专业布点在观测期内保持稳定不变的院校为对照组；对专业完全退出影响因素的研究以专业完全退出者为观测组，以观测期内该类专业布点保持稳定不变的院校为对照组；对专业相对进入与退出影响因素的研究则以观测期内该类专业招生计划份额相对变化较大的院校为观测组，以观测期内该类专业招生计划份额保持相对稳定的院校为对照组。其中，专业全新进入影响因素的研究则由于2015年专业就业率等指标数据缺失的原因，本研究未能涉及。

在本章各模型中，笔者将因变量“专业调整”具体分为“专业绝对进入”“专业绝对退出”“专业相对进入”“专业相对退出”“专业完全退出”5个变量。具体指标定义如下。

（1）专业绝对进入，指已开设某类专业的高职院校继续增设该类专业布点的行为选择。与2015年相比，2016—2018年学校在该类专业有新增专业布点则为进入，没有变化则为保持稳定。本研究将“专业绝对进入”设为二元分类变量，即“1=专业绝对进入，0=专业布点稳定”。

（2）专业绝对退出，指已开设某类专业的高职院校撤减该类专业布点的行为选择。与2015年相比，2016—2018年在某类专业布点有撤减即为退出，没有变化则为保持稳定。本研究将“专业绝对退出”设为二元分类变量，即“1=专业绝对退出，0=专业布点稳定”。

（3）专业相对进入，指已开设某类专业的高职院校增加该类专业招生计划份额的行为选择。与2015年相比，2016—2018年院校在某类专业招生计划份额提高则为进入，没有变化则为保持稳定。由于招生份额的变化具有相对性，本研究综合考虑了统计功效等因素，将专业类招生计划份额提高5%以上的视为相对进入者，而变动幅度在-1.5%—1.5%的院校视为相对稳定者。也就是说，如果某院校2018年该类专业招生计划数占比与2015年招生计划数占比之差大于5%即为相对进入者，如果两者之差处于-1.5%—1.5%即为相对进入者。在实证模型中，“专业相对进入”被设为二元分类变量，即“1=专业相对进入，0=专业布点稳定”。

（4）专业相对退出，指已开设某类专业的高职院校缩减该类专业招生计划份额的行为选择。与2015年相比，2016—2018年学校在某类专业招生计划份额缩减则为退出，没有变化则为保持稳定。与相对进入相反，本研究将专业类招生份额缩减5%以上的视为相对退出者，也就是说某院校2018年该类专业招生计划数占比与2015年招生计划数占比之差小于-5%即为相对退出者，同样，变动幅度在-1.5%—1.5%为相对稳定者。在实证模型中，“专业相对退出”被设为二元分类变量，即“1=专业相对退出，0=专业布点稳定”。

（5）专业完全退出，指已开设某类专业的高职院校撤减该类专业所有布点的行为选择，同时也意味着该类专业的所有招生停止。与2015年相比，2016—2018年某高职院校该类专业布点数为0即为专业完全退出者，没有变化则为保持稳定。同样，在实证模型中“专业完全退出”被设为二元分类变量，即“1=专业完全退出，0=专业布点稳定”。

（二）自变量

本研究中，我们重点检验市场因素对于高职院校专业调整的影响，关注劳动力市场信号、生源市场信号和市场结构等因素，具体包括以下的几个代理变量。

（1）专业就业率，指高职院校某类专业2015届毕业生的就业比例，以该专业类落实就业人数除以2015届该类专业毕业生总数计算。由于“状态数据库”中只有每个专业的应届毕业生和就业人数，笔者以学校为单位，将专业布点按专业大类进行汇总，并将专业就业率分专业大类进行加权汇总统计，得到该学校各类专业的平均就业率。

（2）专业招生报到率，指高职院校的某类专业2015级实际报到人数与计划招生数的比例，以该类专业实际报到人数除以2015级该专业类计划招生总数计算。同样，由于“状态数据库”中只有每个专业的计划招生人数和实际报到人数，笔者以学校为单位，将专业布点按专业大类进行汇总，并将专业招生报到率分专业大类进行加权汇总统计，得出该学校该类专业的平均招生报到率。

（3）生源市场规模，反映高职院校所在区域的生源供给充裕程度。克莱格·M.罗林斯的研究采用高等教育适龄人口相关指标作为代理变量。[1] 由于我国没有发布关于分地区年龄构成的官方统计数据，《中国统计年鉴》中关于全国人口变动情况抽样调查的分地区年龄构成数据也仅作了“0—14岁”“15—64岁”和“65岁及以上”三个年龄段的划分。本研究基于2012年全国人口变动情况抽样调查的分地区年龄构成数据，对2015年时不同省（市）3—17岁的抽样人口数进行推算。笔者对省

[1] Craig M.Rawlings.Reproducing Organizational Status Orders：Academic Program Differentiation in U.S Colleges and Universities，1970-1990［J］.Academy of Management Annual Meeting Proceedings，2013（1）：17460-17486.

（市）内 3—17 岁学龄人口数进行了 log 变换，以实现其分布标准化，并以此指标表征区域的生源市场潜力。

（4）竞争者数量，特指同一市场中有效竞争者的数量，是指衡量市场竞争程度的重要指标。史蒂文·布仑特等研究都将区域内高校数量作为考察市场竞争程度重要代理指标。[1] 考虑到与不同专业类之间的竞争相比，相同专业类之间的竞争往往更加突出，而且由于高等职业教育具有属地化管理的特点，高职院校招生和就业竞争主要以省（市）内的竞争为主，本研究只将区域内开设同类专业的院校视为有效竞争者。基于“状态数据库”的数据，笔者以省（市）为单位，汇总出每个省（市）2015 年时开设有同类专业的高职院校数量。

（三）控制变量

高职院校的专业调整行为，特别是新设专业的进入行为，在某种意义上也是学校寻求专业多样化和实现组织创新的过程，因而制度主义的合法性机制也是审视我国高职院校专业调整一个的重要维度。本研究借鉴组织社会学制度学派的相关理论和研究成果，重点关注院校特征、学校规模与资源条件等因素对高职院校专业调整的影响。在制度学派支持者看来，传统是影响组织对现有结构进行再生产的重要力量，它对于组织变革施加了一种无形的价值约束。历史传统对整个组织的价值

---

[1] Steven Brint, Kristopher Proctor, Robert A.Hanneman, et al. Who are the early adopters of new academic fields ? Comparing four perspectives on the institutionalization of degree granting programs in US four-year colleges and Universities, 1970-2005［J］.Higher Education, 2011, 61（5）: 563-585.

观念、运行程序规则以及组织成员的思维习惯等都有潜移默化的影响，而这正是结构再生产的基础。对于高职院校而言，历史传统对其专业调整的影响主要体现在对学校办学使命和办学理念的坚持上。我国高职院校尽管举办高等职业教育的历史较短，但是很多高职院校的前身都可以追溯到扩招前的中专院校或者成人院校。中专院校或者成人院校通常具有小而精的特点，办学规模相对较小，办学行业特色较为突出。这种行业特色，通常表现在其专业分布的突出单科性特征上，其在某一专业门类上投放的资源往往也更加集中。比如，工科院校通常在工科领域的专业布点较多，招生份额也比较大。继承和发扬办学传统的价值取向，可能使得高职院校更倾向于将传统优势专业门类作为专业调整和资源配备的重点。

还有一些学者发现，公共部门中的组织或与公共部门紧密联系的组织，对法律规则和规范的要求更为敏感，更有可能受到制度要求的影响，会更早采纳某些创新。从我国高等职业教育发展的历史来看，与民办院校在21世纪之初迅速崛起不同，我国的公办高职院校办学历史相对更长。同时，与民办院校以学费收入为主、面向市场自负盈亏的办学模式不同，公益性与服务区域经济社会发展是政府和社会对于公办高职院校最大的期待。公办高职院校主要承担着为社会提供接受高等教育机会的职能，政府财政投入是其办学经费的主要来源，成本收益核算对于其决策的影响也相对较小。我国公办与民办高职院校的这种差异性是否会对其专业调整倾向产生影响有待实证检验。

另外，“所有的专业都需要资源。它们从学校中消耗着时间、财富和人才”。“对于任何大学或者学院而言，专业以及专业上马所需的资本和服务都占了其绝大部分的经费支出构成。”[1]大量研究发现，组织规模和资源也是组织变革的重要影响因素。规模越大的组织，资源通常更加丰富，内部功能分化程度更高，对环境变迁也更加敏感。此外，规模大的组织也更容易引起外部公众以及治理机构的注意，这都使其倾向于更早地接受与采纳创新。[2]

克莱格·M.罗林斯、史蒂文·布仑特等的研究中，都将组织特征作为高校专业调整的重要影响因素。[3]本研究充分考虑了我国高职院校的特殊性，将院校特征（科类、性质以及历史）、学校规模与资源条件等作为高职院校专业调整的控制变量，具体包括以下变量。

---

[1] Robert C.Dickeson.Prioritizing Academic Programs and Services [M]. San Francisco: Jossey-Bass Publishers, 1999.

[2] FR Dobbin, LB Edelman, JW Meyer, et al. The Expansion of Due Process in Organizations [J]. In Institutional Patterns and Organizations: Culture and Environment, 1988, 18 (1): 71-100; Lauren B. Edelman. Legal Ambiguity and Symbolic Structures: Organizational Mediation of Civil Rights Law [J] .American Journal of Sociology, 1992 (97): 1531-1576; Daniel W.Greening, Barbara Gray. Testing a Model of Organizational Response to Social and Political Issues [J]. Academy of Management Journal, 1994 (37): 467-498.

[3] Craig M.Rawlings.Reproducing Organizational Status Orders: Academic Program Differentiation in U.S Colleges and Universities, 1970-1990 [J] .Academy of Management Annual Meeting Proceedings, 2013 (1): 17460-17486; Steven Brint, Kristopher Proctor, Kerry Mulligan, et al.Declining Academic Fieldsin U.S. Four-Year Colleges and Universities, 1970-2006 [J]. Journal of Higher Education, 2012 (4): 582-613; Steven Brint, Kristopher Proctor, Scott Patrick Murphy, et al. The Market Model and the Growth and Decline of Academic Fields in U.S. Four-Year Colleges and Universities, 1980-2000 [J]. Sociological Forum, 2012, 27 (2): 275 - 299.

（1）学校科类，是从学科专业发展布局和定位上对院校进行的区分。我国出于管理和统计的需要，通常将高校划分为理工、农业、医学、师范、语文、财经、艺术、政法、民族、林业、体育及综合12个科类类型，但是随着院校改革实践的发展，不少高校已经突破了原来较为单一的学科专业科类结构。由于科类分类较多，且部分科类院校数量较少，在保留综合类的基础上，基于学科之间的相似性，笔者将院校科类合并为三类：人文社科类、理工农医类和综合类。在模型中，笔者将“学校科类”设为三元虚拟变量，即“0=理工农医类院校，1=人文社科类院校，2=综合类院校”。

（2）学校性质，是对学校举办者的区分，通常意味着办学经费来源以及管理体制的差异。笔者按照惯例将院校区分为公办和民办两类。在模型中，笔者将“学校性质”设为二元虚拟变量，即“1=公办院校，0=民办院校”。

（3）学校历史，用学校举办高职教育的时间来衡量。在我国官方话语体系中，通常将2000年（含）以后成立的院校称为“新建院校”，相应的，我们将2000年以前成立的院校称为“传统院校”。在模型中，笔者将“学校历史”设为二元虚拟变量，即“1=传统院校，0=新建院校”。

（4）专任教师数，是高职院校中专门从事教学工作的人员数量。专任教师除了要求具有高等学校教师资格证书之外，还应于2015年在高职院校全职从事教学工作，因而不包括在高职院校中大量存在的兼职教师。

（5）教师年龄结构，专指专任教师的年龄结构。由于本研究重点关注中老年教师比重过高是否会对高职院校专业调整产生影响，笔者选取中老年教师在专任教师中的占比这一指标进行测量。按照世界卫生组织新的年龄划分法，45 岁以上为中老年，本研究也将 45 岁以上的教师定义为中老年教师。笔者根据“状态数据库”中的专业专任教师的出生年月进行推算，将 1973 年 12 月 31 日以前出生的教师归为“45 岁以上教师”。

（6）生均经费，是衡量学校经费充裕程度的指标。我们用 2015 年学校经费收入总额 / 折合在校生数进行了测量。由于该指标数据相对较大，在模型中我们对该指标取了 log 值进行变换以实现其分布标准化。

（7）全日制在校生数，是衡量学校规模的重要指标。我们用 2015 年时全日制高职在校生数来测量。同样，由于该指标数据相对较大，在模型中我们也进行了 log 变换。

（8）专业设置数，也是衡量学校办学规模的重要指标。我们用学校截至 2015 年开设的具有招收全日制高职生资格专业数量（不含专业方向）来测量。

需要说明的是，在选择市场信号变量指标时，为了防止出现多重共线性的问题，笔者进行了双变量相关分析，结果发现专业就业率和专业对口就业率之间、专业对口就业率与招生报到率之间相关系数较高且具有统计显著性，而专业就业率与招生报到率之间相关系数较低且不显著，因此，最终选择将专业就业率作为劳动市场信号变量指标。同样，笔者也对其他回归元作了两两相关检验，发现除个别专业类型外，对多数专业类型而言，回归元之间的相关系数均较低且不显著，故将以上变量都纳入回归模型中。

三、模型

基于高职院校专业调整的市场扩展模型，参考相关实证研究文献的方法，笔者构建了高职院校专业调整的决定模型。由于衡量专业调整的被解释变量为二分变量，我们构建了如下二项 Logistic 模型表达式：

$$\mathrm{Log}\left[P_{nij}/(1-P_{nij})\right]=A+\beta_1 EMP_{(t-n)ij}+\beta_2 ENR_{(t-n)ij}+\beta_3 \mathrm{Log}\left[MAR_{(t-n)ix}\right]+\beta_4 \mathrm{Log}\left[NUM_{(t-n)ix}\right]+\beta_5 TYP_i+\beta_6 PRIV_i+\beta_7 TRAD_i+\beta_8 SCALE_{(t-n)\mathrm{i}}+\beta_9 \mathrm{Log}\left[REVE_{(t-n)i}\right]+\beta_{10} TEACH_{(t-n)\mathrm{i}}+\beta_{11} RTEA_{(t-n)i}+\beta_{12} NUP_{(t-n)i}+r_{ij}$$

其中，P_{nij} 是 n 年内 i 学校 j 类专业调整发生的概率。根据专业调整的具体路径不同，具体分为以下五类：

专业绝对进入变量 PI_{nij}，即 n 年内 i 学校增设 j 类专业发生的概率；

专业绝对退出变量 PR_{nij}，即 n 年内 i 学校撤减 j 类专业发生的概率；

专业相对进入变量 PM_{nij}，即 n 年内 i 学校的 j 类专业招生计划份额提高 5% 以上发生的概率；

专业相对退出变量 PW_{nij}，即 n 年内 i 学校的 j 类专业招生计划份额降低 5% 以上发生的概率；

专业完全退出变量 PTR_{nij}，即 n 年内 i 学校完全退出 j 类专业的概率。

A 是常量，EMP_{ij} 是 i 学校 j 类专业的就业率，ENR_{ij} 是 i 学校 j 类专业的招生报到率，MAR_{ix} 是 i 学校所在省（市）x 的适龄人口数，NUM_{ix} 是 i 学校所在省（市）x 开设同类专业院校数，$SCALE_i$ 是 i 学校全日制在校生数，TYP_i 是 i 学校的科类虚拟变量，$PRIV_i$ 是 i 学校的性质虚拟变量，$TRAD_i$ 是 i 学校的传统虚拟变量，$REVE_i$ 是 i 学校的生均经费投入，$TEACH_i$ 是 i 学校的专任教师数，$RTEA_i$ 是 i 学校 45 岁以上专任教师的占比，NUP_i 是 i 学校开设专业的总数。β_1，β_2，....，β_{12} 为上述解释变量的系数，t 为报告期，$t-n$ 为基期，n 为观测时间，r_{ij} 为随机扰动项。本研究以 2015 年为参照，检验的是市场因素对之后 3 年内（至 2018 年）高职院校专业调整倾向的影响。

第三节 描述统计结果

为了更清晰地把握不同类型院校、不同类型专业调整的路径特征，笔者基于专业调整数据的描述统计[1]，对 2015—2018 年高职院校的专业调整情况进行了更加细致的分析和刻画。

[1] 本描述统计依据数据库中样本院校的专业布点变化数据进行统计。在回归模型中有部分院校因为变量数据缺失或异常被剔除。

一、专业绝对进入与退出的院校特征分析

从描述统计结果来看，2015—2018年，高职院校在专业布点上有所扩张，但是扩张幅度并不大。从高职院校的平均专业布点数来看，校均的专业布点由2015年的23.4个，增至2018年的24.4个，增加1个专业布点。但具体到院校层面看，这种增长是极不均衡的，专业布点调整在不同类型的院校间存在显著的结构性差异。通过对不同办学历史、不同办学性质、不同学校科类，以及不同区域院校的对比发现：与公办院校相比，民办院校专业布点扩张更为积极，公办院校校均增加0.26个专业布点，而民办院校则增加2.98个布点；与传统院校相比，新建院校专业布点扩张更为积极，传统院校校均增加0.57个布点，而新建院校增加5.63个布点；同时，从院校科类来看，综合类和理工农医类院校的专业布点总体显现了收缩态势，相反，人文社科类院校在专业布点上则更倾向于大幅扩张。这一时期，人文社科类院校校均增加6.3个专业布点，而综合类和理工农医类院校则分别减少0.29个和1.12个专业布点。其中，政法、体育、医药、艺术、财经、师范和语文七类院校的校均专业布点均有所增加。以政法院校专业布点增加最多，校均增加14.17个之多，其次是体育院校，校均增加12.27个，医药和艺术院校校均专业布点数分别增加10.13个和9.97个。师范和财经院校专业布点增加则相对较为缓和，校均专业布点分别增加4.31个和5.95个，语文院校校均专业布点增加最少，仅

为 1.47 个。与此相反，这一时期，林业、农业、民族、理工和综合院校的专业布点则呈现了收缩态势。林业院校专业布点收缩的幅度最大，校均减少 9.27 个布点，其次是农业院校，校均减少 3.85 个专业布点，民族院校和理工院校也分别减少 2.66 和 1.60 个专业布点，综合院校减少幅度相对最小，校均仅减少 1.12 个专业布点（见表 6-3）。

由于无法断定样本分布状态，笔者使用了非参数检验的方法对各类院校专业布点调整均值进行检验。其中，对不同办学性质、不同办学历史院校进行的是两个独立样本的 Mann-Whitney U 检验，而对不同学校科类、不同区域院校[1]进行的是多个独立样本的 Kruskal-Wallis 单向方差分析。结果发现，不同办学性质、不同办学历史以及不同科类院校在专业布点调整方面存在显著差异，而不同区域院校在专业布点调整方面没有显著差异。其中，不同科类院校间的专业布点调整均在 0.001 的置信水平上存在显著性差异，新建院校和传统院校间的专业布点调整均在 0.01 的置信水平上存在显著性差异，公办院校和民办院校间的专业布点调整均在 0.1 的置信水平上存在显著性差异。东、中、西部和东北地区院校间专业布点调整的差异不显著（见附录六）。

---

[1] 根据国家统计局的划分标准，本研究也将我国的经济区域划分为东部、中部、西部和东北四大地区。其中，东部地区包括：北京、天津、河北、上海、江苏、浙江、福建、山东、广东和海南。中部地区包括：山西、安徽、江西、河南、湖北和湖南。西部地区包括：内蒙古、广西、重庆、四川、贵州、云南、西藏、陕西、甘肃、青海、宁夏和新疆。东北地区包括：辽宁、吉林和黑龙江。

表 6-3　2015—2018 年不同类型院校专业布点调整描述统计

（单位：个）

分类标准	类型（院校）	2015 年校均布点数	2018 年校均布点数	校均布点数变动
按办学性质分	公办院校	24.57	24.83	0.26
	民办院校	20.05	23.03	2.98
按学校历史分	传统院校	24.08	24.65	0.57
	新建院校	15.30	20.93	5.63
学校所在区域	东北地区	22.70	22.33	–0.37
	东部地区	24.79	26.53	1.74
	西部地区	23.52	24.20	0.68
	中部地区	21.51	21.92	0.41
按学校科类分（1）	理工农医类院校	23.59	23.30	–0.29
	人文社科类院校	18.15	24.45	6.30
	综合院校	27.10	25.98	–1.12
按学校科类分（2）	综合大学	27.10	25.98	–1.12
	理工院校	25.16	23.56	–1.60
	农业院校	28.18	24.33	–3.85
	医药院校	10.90	21.03	10.13
	师范院校	18.47	22.78	4.31
	语文院校	21.53	23.00	1.47
	财经院校	22.33	28.28	5.95
	艺术院校	13.62	23.59	9.97
	政法院校	5.33	19.50	14.17
	民族院校	21.33	18.67	–2.66
	林业院校	26.18	16.91	–9.27
	体育院校	7.09	19.36	12.27

二、专业绝对进入与退出的类别特征分析

从各类专业的布点调整情况来看，高职院校在各类专业的进入与退出行为均表现得非常活跃，只是具体路径有所不同。2015—2018 年，除财经商贸类专业外，其他 9 类专业都仅有不到 1/10 的院校没有进行专业布点的调整。交通运输、医药卫生和公共管理与服务 3 类专业呈现出扩张趋势，布点院校数量有所增加；电子信息等 7 类专业则呈现出收缩趋势，布点院校数量均出现不同程度的缩减。交通运输类专业布点院校数增幅较为突出，2018 年比 2015 年净增 93 所，增加一成以上。另外，尽管开设医药卫生类专业的院校数仅净增加 33 所，但由于基数较小，增幅也达到了 6.63%。相比之下，电子信息、土木建筑两个开设面比较广的专业类，布点院校数净下降较多，分别减少 57 所和 59 所，缩减幅度均在 5 个百分点以上（见表 6–4、表 6–5）。

从专业类的具体调整路径来看，交通运输和公共管理与服务属于两个“扩张”型专业类，选择增设和新设该类专业的院校数量均分别超过选择撤减和完全退出该类专业的院校数量，即通过“双净增长”实现扩张。同时，电子信息、教育与体育、农林牧渔、土木建筑和文化艺术 5 个“收缩”型专业类，选择撤减和完全退出该类专业的院校数量均分别超过选择增设和新设该类专业的院校数量，即通过“双净减少”实现收缩。而医药卫生类专业的扩张则主要是通过新设该类专业院校数量的大幅增加实现，全新进入这一类专业的院校数量要多于完全

退出该类专业的院校数量。但实际上，这一时期仍有很多院校选择了从这一类专业中退出，这一时期撤减该类专业的院校数甚至要多于选择增设该类专业的院校数。装备制造类和财经商贸类专业则刚好相反，这两类专业的收缩主要是由于退出该类专业的院校数量大幅增加造成，选择完全退出该类专业的院校数量要多于选择全新进入该类专业的院校数，但这一时期，实际上仍有很多院校选择积极进入这一类专业，且这一时期选择增设该类专业的院校数要多于选择撤减该类专业的院校数。

表 6-4　2015—2018 年不同类型专业进入与退出路径（绝对数量调整）

（单位：所）

专业类别	专业固定	进入			退出		
		合计	增设	新设	合计	撤减*	完全退出
财经商贸	249	396	382	14	257	235	22
电子信息	85	534	407	127	619	435	184
公共管理与服务	38	438	230	208	385	202	183
交通运输	64	657	379	278	444	259	185
教育与体育	63	550	335	215	641	393	248
农林牧渔	6	310	166	144	336	180	156
土木建筑	51	578	396	182	662	421	241
文化艺术	76	587	382	205	646	412	234
医药卫生	9	342	156	186	333	180	153
装备制造	48	640	436	204	618	403	215

注：* 不含完全退出。

表 6-5　2015—2018 年不同类型专业绝对进入与退出路径（相对比例调整）

专业类别	2015 年开设院（所）	2018 年开设院校（所）	开设院校增减（所）	开设院校增减幅度（%）	专业固定占比（%）	增设院校占比（%）	新设院校占比（%）	撤减院校占比＊（%）	完全退出院校占比（%）
财经商贸	888	880	–8	–0.90	28.04	43.02	1.58	26.46	2.48
电子信息	1111	1054	–57	–5.13	7.65	36.63	11.43	39.15	16.56
公共管理与服务	653	678	25	3.83	5.82	35.22	31.85	30.93	28.02
交通运输	887	980	93	10.48	7.22	42.73	31.34	29.20	20.86
教育与体育	1039	1006	–33	–3.18	6.06	32.24	20.69	37.82	23.87
农林牧渔	508	496	–12	–2.36	1.18	32.68	28.35	35.43	30.71
土木建筑	1109	1050	–59	–5.32	4.60	35.71	16.41	37.96	21.73
文化艺术	1104	1075	–29	–2.63	6.88	34.60	18.57	37.32	21.20
医药卫生	498	531	33	6.63	1.81	31.33	37.35	36.14	30.72
装备制造	1102	1091	–11	–1.00	4.36	39.56	18.51	36.57	19.51

注：＊不含完全退出。

从不同专业类的调整路径来看，无论是“双净增长”式的扩张还是“双净减少”式的收缩，都反映出高职院校对于该类专业调整的方向形成了某种程度的共识。而医药卫生、装备制造以及财经商贸专业的“冲突”式的扩张或收缩，则恰恰反映出在这些类型专业调整取向上，高职院校之间产生了较大分歧。同时，笔者还发现，除极个别专业外（如医药卫生类专业），选择在专业类内增设专业布点的院校数量要多于选择全新进入该专业类的院校数量。同样，选择在专业类内撤减专业布点的院校数量也要远多于选择完全退出该类专业的院校数量。从这个意义上来看，高职院校专业布点的调整，更多地是通过在专业类内增设或者撤减专业布点这种相对稳妥的方式来实现的。

三、专业相对进入与退出的类型特征分析

从院校的招生计划整体配置情况来看，2015—2018 年，财经商贸和医药卫生两类专业在已开设该类专业院校的招生计划中占比较高，院校在该类型专业上投放了全校 1/5 以上招生计划。另外，电子信息和装备制造两类专业的招生计划占比也相对较高，分别占全校 1/10 以上的招生计划份额，教育与体育和土木建筑类专业的平均招生计划份额则在 10% 上下波动，公共管理与服务类专业的平均招生计划份额最小，仅处于 2% 左右的水平。从各类专业的招生计划配置整体调整情况来看，电子信息、公共管理与服务、交通运输、教育与体育、医药卫生 5 类专业的招生计划份额有所提高。其中，以医药卫生类专业

招生份额提升幅度最大，提升了3.3个百分点，其次是交通运输类专业，提升了2.2个百分点。相比之下，财经商贸、农林牧渔、土木建筑、文化艺术以及装备制造5类专业在院校招生计划中所占比重则均有所下降。其中，以土木建筑类专业下降幅度最大，降低了2.9个百分点，其次是财经商贸类专业，也降低了1.1个百分点（见表6-6、表6-7）。

但是，从各类专业的具体调整路径来看，高职院校在不同专业类中的相对进入与退出行为更加活跃也更为复杂。高职院校内各类专业招生计划份额均有不同程度的调整，调整的方向和幅度存在明显差异。其中，电子信息、交通运输、教育与体育、农林牧渔、土木建筑、医药卫生、装备制造7类专业招生计划份额增减幅度达到5%以上的院校数都占到了开设相关专业院校总数的50%以上，这也就意味着对于开设有这7类专业的院校而言，有一半以上的院校都对专业招生计划份额进行了大幅调整。其中，装备制造和医药卫生类专业调整幅度最大，有八成的院校对相关专业的招生计划份额进行了大幅增减。财经商贸、公共管理与服务、文化艺术3类专业调整幅度相对温和，但是大幅调整招生计划份额的院校也占到了开设相关专业院校总数的两成以上。从具体的调整方向来看，选择大幅增加电子信息、公共管理与服务、交通运输、医药卫生4类专业招生计划份额的院校数要多于大幅缩减其份额的院校数，其中交通运输类专业更是高出13个百分点。土木建筑、财经商贸、教育与体育、农林牧渔、文化艺术和装备制造等6类专业则刚好相反，其中，大幅缩减土木建筑类专业招生计划份额的院校比大幅增加份额院校高出13个百分点，另外，财经商贸类专业也高出约8个百分点。总体而言，院校专业相对进入与相对退出的态势与各类专业招生计划配置调整的整体趋势基本一致，只有教育与体育类专业是个特例。尽管平均来看教育与体育类专业在院校中的招生计划份额是有所提高，但是还是有近三成的院校选择了大幅缩减该类专业的招生计划份额，而且选择大幅缩减该类专业招生计划份额的院校数要多于大幅提高该类专业招生计划份额的院校数。

表6-6　2015—2018年不同类型专业的相对进入与退出路径（计划招生规模调整）

（单位：%）

专业大类	2015年院校计划招生占比均值	2018年院校计划招生数占比均值	占比均值变化
财经商贸	21.9	20.8	–1.1
电子信息	11.1	11.8	0.7
公共管理与服务	2.1	2.4	0.3
交通运输	6.7	8.9	2.2
教育与体育	9.8	10.4	0.6
农林牧渔	6.3	5.9	–0.4
土木建筑	11.3	8.4	–2.9
文化艺术	6.9	6.4	–0.5
医药卫生	21.3	24.6	3.3
装备制造	13.7	13.0	–0.7

表 6-7 2015—2018 年不同类型专业的相对进入与退出路径（院校分布）

专业大类	院校数（所）	院校数（所）			院校数占比（%）			
		占比变动 -1.5%—1.5%	增加 5% 以上	降低 5% 以上	占比变动 -1.5%—1.5%	增加 5% 以上	降低 5% 以上	其他
财经商贸	866	297	118	187	34.30	13.63	21.59	30.48
电子信息	927	116	345	302	12.51	37.22	32.58	17.69
公共管理与服务	470	185	58	42	39.36	12.34	8.94	39.36
交通运输	702	152	221	130	21.65	31.48	18.52	28.35
教育与体育	791	164	209	227	20.73	26.42	28.70	24.15
农林牧渔	352	75	95	98	21.31	26.99	27.84	23.86
土木建筑	868	99	242	356	11.41	27.88	41.01	19.70
文化艺术	870	216	188	221	24.83	21.61	25.40	28.16
医药卫生	406	35	174	152	8.62	42.86	37.44	11.08
装备制造	887	84	332	361	9.47	37.43	40.70	12.40

第四节 模型分析结果

一、专业绝对进入与退出 logistic 回归结果

表 6–8、表 6–9 呈现了市场等因素对于高职院校是否选择增设或撤减各类专业布点影响的二项 Logistic 模型回归结果。

从专业增设情况来看，只有财经商贸、文化艺术和装备制造 3 类专业的模型通过显著性检验，其他几类专业均由于样本量过少而不具有统计显著性。整体来看，专业就业率、log 学龄人口数以及省域内开设相关专业院校数对于高职院校是否增设该类专业布点均没有显著性影响。也就是说，对于已有相关专业布局的高职院校而言，现有专业的就业好坏、生源市场的潜力以及市场竞争对手的数量对于其未来 3 年是否会增设专业布点的概率没有影响。但是，研究结果发现了生源市场信号对于高职院校专业调整影响的证据，财经商贸类专业招生报到率与高职院校是否增设该类专业布点有显著正向影响，也就是说财经商贸类专业招生报到率越高的院校，越倾向于继续增设该类专业。同样，文化艺术类和装备制造类专业招生报到率变量的系数也均为正值，但是统计上不显

著。需要注意的是，省内开设相关专业院校数这一变量的回归系数均为正值，我们可以将其理解为，省域内开设相关专业的院校越多，那么已经开设相关专业的高职院校反而越倾向于增设该类专业布点，只是统计上对于这一结论的支撑较弱。

从专业撤减情况来看，财经商贸、电子信息、文化艺术、装备制造和交通运输5类专业的模型通过显著性检验。整体来看，专业就业率、log学龄人口数对于高职院校是否会增设该类专业布点也没有显著影响。同样，我们也发现了生源市场信号对于高职院校专业调整影响的证据，财经商贸和文化艺术两类专业招生报到率对高职院校是否会撤减该类专业布点有显著负向影响，也就是说财经商贸类和文化艺术类专业招生报到率越高的院校，越不倾向于撤减这两类专业。从市场竞争对于高职院校专业调整的影响来看，除文化艺术类专业外，其他几类专业省内开设相关专业院校数系数均为负值，也就是说省内开设相关专业院校数越多，已经开设相关专业的高职院校反而越不倾向于撤减该类专业。这一结论从交通运输大类的回归结果中得到了支持，其回归系数具有统计显著性。

从院校特征来看，专业布点调整与院校类型的关系主要体现在，在财经商贸和文化艺术两类专业的调整方面，理工农医类院校倾向于保持这两类专业布点数的稳定，人文社科类院校的调整却非常活跃，在积极地增设或撤减这两类专业布点。相反，与理工农医类院校相比，对于已经开设有电子信息、装备制造和交通运输3类专业的人文社科类院校而言，更不倾向于撤减这些专业的布点数。换而言之，人文社科类院校一旦开设了理工农医类的专业，撤减该类专业布点的概率是相对较低的。对于已经开设了交通运输类专业的综合类院校而言也是如此，与理工农医类院校相比，更不倾向于撤减相关专业布点。另外，我们还发现，相对于已经开设了电子信息类专业的民办院校，公办院校更不倾向于撤减该类的专业布点；相对于已经开设了财经商贸类的传统院校，新建院校更倾向于继续新增该类专业的布点。

从学校规模对于高职院校专业布点调整的影响来看，对于已经开设财经商贸和文化艺术类专业的高职院校而言，学校在校生规模对于其增设专业布点的概率有显著负向影响，即学校在校生规模越大，越不倾向于继续增设相关专业布点；对于已经开设有电子信息类专业的高职院校而言，学校在校生规模对于其撤减专业布点的概率有显著正向影响，即学校在校生规模越大，越倾向于撤减电子信息类专业布点。这说明，规模越大的高职院校，越不倾向进一步扩大这几类热门专业的布点数量。专业设置数量对于高职院校专业调整的影响主要表现在装备制造类专业的撤减上，学校专业设置数量与撤减该类专业布点的概率呈显著正相关，即专业设置数量越多院校，越倾向于撤减装备制造类专业布点。

从学校经济资源对于高职院校专业布点调整的影响来看，对于已经开设有财经商贸和文化艺术类专业的高职院校而言，log生均经费与其增设专业布点的概率呈显著负向相关，这说明，经费越充足的院校在未来3年内增设这两类专业布点的可能性越小。对于已经开设有交通运输类专业的高职院校而言，log生均经费与其撤减专业布点概率呈显著正向相关，这说明，经费越充足的院校在未来3年内撤减交通运输类专业布点的可能性越大。

专任教师数量和结构对于高职院校专业布点调整倾向的影响也有所反映。院校是否会新增财经商贸类和文化艺术类专业布点与专任教师数量呈显著正相关关系，也就是说专任教师数量越充足的院校越倾向于增加这两类专业布点。而专任教师年龄结构对于专业调整的影响相对较为复杂，财经商贸类和文化艺术类专业撤减与45岁以上中老年教师占比呈显著负相关关系，说明对于这两类专业而言，中老年教师占比越高的院校越不倾向于撤减这两类专业布点。但从装备制造类专业的调整情况来看，青年教师占比越高的院校反而专业布点相对稳定，中老年教师占比较高的院校在该类专业布点调整方面却表现得更加活跃。

表 6–8　专业绝对进入 logistic 回归结果

变量	专业增设					
	财经商贸		文化艺术		装备制造	
	回归系数	优势比	回归系数	优势比	回归系数	优势比
专业招生报到率	0.006**（0.003）	1.006	0.001（0.002）	1.001	0.004（0.007）	1.004
专任教师数	0.002*（0.001）	1.002	0.002**（0.001）	1.002	0.003（0.002）	1.003
全日制高职在校生数	−0.0001*（0.000）	1.000	−0.0001*（0.000）	1.000	−0.0001（0.000）	1.000
log 生均经费	−1.35**（0.549）	0.259	−1.083**（0.501）	0.339	0.789（1.112）	2.201
专业设置数	0.012（0.01）	1.012	0.000（0.001）	1.000	0.021（0.024）	1.021
45 岁以上专任教师占比	−0.007（0.01）	0.993	−0.007（0.009）	0.993	0.042*（0.022）	1.043
传统院校	−0.812*（0.419）	0.444	−0.51（0.346）	0.601	0.084（0.833）	1.088
公办院校	−0.038（0.236）	0.963	0.059（0.211）	1.061	0.149（0.447）	1.161
log 学龄人口数	0.44（0.581）	1.553	−0.12（0.504）	0.886	1.268（1.242）	3.555

续表

变量	专业增设					
	财经商贸		文化艺术		装备制造	
	回归系数	优势比	回归系数	优势比	回归系数	优势比
专业就业率	0.01（0.011）	1.010	0.004（0.008）	1.004	−0.038（0.024）	0.963
省内开设相关专业院校数	0.001（0.009）	1.001	0.01（0.007）	1.010	0.005（0.017）	1.005
人文社科类院校	0.805***（0.268）	2.237	0.514**（0.229）	1.672	−0.391（0.514）	0.677
综合类院校	0.021（0.195）	1.021	−0.076（0.173）	0.927	0.029（0.427）	1.029
常量	3.194（3.482）	24.398	4.93（3.158）	138.414	−5.223（7.23）	0.005
R 方	0.087		0.052		0.164	
模型显著性	0.000		0.005		0.015	
样本量	592		764		262	

表 6-9 专业绝对退出 logistic 回归结果

变量	财经商贸		电子信息		文化艺术		装备制造		交通运输	
	回归系数	优势比	回归系数	优势比	回归系数	优势比	回归系数	优势比	回归系数	优势比
专业招生报到率	−0.008**（0.003）	0.992	−0.003（0.005）	0.997	−0.013***（0.003）	0.988	0.004（0.007）	1.004	0.002（0.004）	1.002
专任教师数	0.002（0.001）	1.002	−0.001（0.002）	0.999	0.001（0.001）	1.001	0.003（0.002）	1.003	−0.002（0.002）	0.998
全日制高职在校生数	−0.0001（0.000）	1.000	0.0002**（0.000）	1.000	0.00004（0.000）	1.000	−0.0001（0.000）	1.000	0.0001（0.000）	1.000
log 生均经费	−0.339（0.552）	0.713	−0.193（0.756）	0.825	−0.622（0.435）	0.537	0.45（1.117）	1.568	3.073**（1.214）	21.598
专业设置数	0.016（0.01）	1.016	0.008（0.016）	1.008	0（0）	1.000	0.042*（0.022）	1.043	−0.028（0.02）	0.972
45 岁以上专任教师占比	−0.022*（0.011）	0.979	0.01（0.017）	1.010	−0.024***（0.009）	0.976	0.044*（0.023）	1.045	0.005（0.024）	1.005

续表

变量	财经商贸		电子信息		文化艺术		装备制造		交通运输	
	回归系数	优势比	回归系数	优势比	回归系数	优势比	回归系数	优势比	回归系数	优势比
传统院校	0.23（0.538）	1.259	−1.237（0.798）	0.290	0.049（0.355）	1.051	−0.328（0.717）	0.720	0.623（0.759）	1.865
公办院校	−0.283（0.267）	0.753	−0.641*（0.384）	0.527	−0.081（0.205）	0.922	0.015（0.468）	1.015	0.02（0.547）	1.020
log 学龄人口数	−0.287（0.67）	0.751	−0.584（0.859）	0.558	−0.703（0.497）	0.495	0.938（1.224）	2.555	1.761（1.21）	5.819
专业就业率	0.019（0.015）	1.019	0.0001（0.014）	1.000	0.002（0.009）	1.002	−0.033（0.029）	0.968	−0.021（0.028）	0.979
省内开设相关专业院校数	−0.007（0.01）	0.993	−0.002（0.011）	0.998	0.004（0.007）	1.004	−0.002（0.018）	0.998	−0.037*（0.02）	0.964
人文社科类院校	0.672**（0.298）	1.959	−1.356***（0.345）	0.258	0.626***（0.223）	1.870	−1.593***（0.571）	0.203	−1.138*（0.566）	0.320

续表

变量	财经商贸		电子信息		文化艺术		装备制造		交通运输	
	回归系数	优势比	回归系数	优势比	回归系数	优势比	回归系数	优势比	回归系数	优势比
综合类院校	0.218 （0.218）	1.243	0.215 （0.311）	1.240	0.1268 （0.168）	1.135	−0.429 （0.404）	0.651	−0.672* （0.399）	0.511
常量	1.347 （3.846）	3.847	5.521 （5.115）	249.931	6.445** （2.895）	629.668	−2.443 （7.433）	0.087	−14.5* （7.43）	0.000
R 方	0.078		0.132		0.085		0.204		0.149	
模型显著性	0.010		0.000		0.000		0.000		0.036	
样本量	463		341		888		439		251	

注：括号内为标准误，* 表示在 0.1 水平上显著，** 表示在 0.05 水平上显著，*** 表示在 0.01 水平上显著。

二、专业相对进入与退出 logistic 回归结果

表 6–10、表 6–11 呈现了市场等因素对于高职院校相对进入或退出不同专业类影响的二项 logistic 模型回归结果。

回归结果显示，财经商贸、交通运输和农林牧渔 3 类专业的相对进入模型通过显著性检验，财经商贸、电子信息、公共管理与服务、交通运输、教育与体育、农林牧渔、文化艺术和装备制造 8 类专业的相对退出模型通过显著性检验。从劳动力市场信号对于高职院校相对进入与退出行为的影响来看，财经商贸、交通运输和农林牧渔 3 类专业的就业率与高职院校相对进入这 3 类专业的概率无显著相关性，也就是说，对于已经开设有财经商贸、交通运输或者农林牧渔类专业的院校而言，这 3 类专业的就业率高低对于高职院校是否增加该类专业的招生份额没有显著影响。与此同时，电子信息和交通运输两类专业的就业率与高职院校相对退出这两类专业的概率却有显著负向作用，也就是说对于已经开设有电子信息或交通运输类专业的高职院校而言，该专业的就业率越高，学校越不会大幅削减该类专业的招生计划份额。

从生源市场信号的影响来看，专业招生报到率也只对高职院校相对进入财经商贸类专业的概率有显著正向影响。对于开设了财经商贸类专业的院校而言，这类专业的招生报到率越高，高职院校越倾向于提高该类专业的招生计划份额。

从市场竞争的影响来看，省域内开设相关专业的院校数量

对于院校相对进入该类专业的倾向没有显著影响，但是对于院校相对退出公共管理与服务类专业的倾向有显著正向影响。也就是说，对于已经开设有公共管理与服务类专业的院校而言，省域内开设有相关专业的院校数越多，高职院校越倾向于缩减公共事业管理大类的招生计划份额。log 学龄人口数对于院校相对进入与退出专业类行为的影响主要体现在对公共管理与服务类专业的相对退出和农林牧渔类专业的相对进入上。回归系数显示，区域内学龄人口潜力越大，高职院校缩减公共管理与服务类专业招生计划份额的概率越小，而农林牧渔类专业则刚好相反，区域内学龄人口潜力越大，学校越不倾向于增大农林牧渔类专业的招生份额。

从院校特征来看，专业相对进入与退出行为同院校类型的关系主要体现在，与民办院校相比，公办院校更倾向于保持交通运输类专业招生计划份额的相对稳定。相比之下，民办院校对于该类专业招生计划配置的调整则更为活跃，积极地扩大或者削减该类专业的招生计划份额。同时，与民办院校相比，公办院校更倾向于削减教育与体育和农林牧渔两类专业的招生计划份额，不倾向于削减财经商贸类专业的招生计划份额。与新建院校相比，传统院校更不倾向削减财经商贸类专业的招生计划份额。

与理工农医类院校相比，人文社科类的院校更不倾向于削减电子信息、交通运输、农林牧渔、装备制造 4 类专业的招生计划份额，而更倾向于削减公共管理与服务、教育与体育两类专业的招生计划份额。同时，与理工农医类院校相比，综合院校也不倾向于削减交通运输和装备制造两类专业的招生计划份额，更倾向于削减公共管理与服务和教育与体育两类专业的招生计划份额。

从学校规模对于高职院校专业相对进入与退出行为的影响来看，在校生规模对于高职院校相对进入财经商贸类专业的倾向有显著负向影响，即在校生规模越大的院校，越不倾向于提高财经商贸类专业的招生计划份额。而与此同时，在校生规模对于院校退出财经商贸类的倾向也有显著负向影响，也就是说，在校生规模越大的院校，也越不倾向于削减财经商贸专业的招生计划份额。这说明不同规模的高职院校对于财经商贸类专业的发展定位出现了分化。对于规模较大的院校而言，则一方面不再倾向于继续做大财经商贸类专业，另一方面也不倾向于让财经商贸类专业萎缩，稳定规模是这类院校的优先选择。相比之下，规模较小的院校对财经商贸类招生计划份额的调整则更加积极。此外，在校生规模对于院校退出电子信息和教育与体育类专业的倾向也有显著正向影响，规模越大的院校越倾向于缩减这两类专业的招生计划份额。高职院校专业设置数量对高职院校相对进入农林牧渔类专业和退出电子信息、交通运输类专业的倾向均有显著负向影响。专业设置数量越多的院校，越不倾向于提高农林牧渔类专业的招生计划份额，也越不倾向于缩减电子信息和交通运输类专业的招生计划份额。

从学校经济资源对于高职院校专业相对进入与退出行为的影响来看，log 生均经费只对院校装备制造类专业的相对退出行为有显著负向作用。也就是说，对于已经开设有装备制造类专业的院校而言，其经费越充裕，越不倾向于削减装备制造类专业的招生计划份额。

专任教师因素对于高职院校相对进入与退出专业的影响也有所反映。从专业进入来看，专任教师数量越多的院校越不倾向于扩大交通运输类专业的招生计划份额，也越不倾向于削减公共管理与服务、文化艺术两类专业的招生计划份额，更倾向于削减教育与体育类专业的招生计划份额。而教师年龄结构对于高职院校相对进入与退出专业的影响主要表现在农林牧渔类专业的进入与交通运输和文化艺术类专业的退出上。统计结果显示，45 岁以上中老年教师占比越高的院校，扩大农林牧渔类和缩减文化艺术类专业招生计划份额的概率越低，而缩减交通运输类专业招生计划份额的概率则更高。

表 6–10　专业相对进入 logistic 回归结果

变量	财经商贸		电子信息		交通运输		农林牧渔	
	回归系数	优势比	回归系数	优势比	回归系数	优势比	回归系数	优势比
专业招生报到率	0.015*** （0.003）	1.015	–0.01** （0.005）	0.990	0.004 （0.003）	1.004	–0.078 （0.055）	0.925
专任教师数	0.002 （0.002）	1.002	–0.0001 （0.002）	1.000	–0.005* （0.003）	0.995	–0.007 （0.008）	0.993
全日制高职在校生数	–0.0003*** （0.000）	1.000	–0.0001* （0.000）	1.000	0.0004 （0.000）	1.000	0.001 （0.001）	1.001
log 生均经费	–0.933 （0.795）	0.394	0.447 （0.834）	1.564	1.44 （1.69）	4.221	–5.325 （5.925）	0.005
专业设置个数	0.022 （0.014）	1.023	–0.017 （0.015）	0.984	0.003 （0.024）	1.003	–0.559** （0.282）	0.572
45 岁以上专任教师占比	–0.008 （0.014）	0.992	0.009 （0.015）	1.009	0.036 （0.036）	1.037	–0.784* （0.449）	0.457

续表

变量	财经商贸		电子信息		交通运输		农林牧渔	
	回归系数	优势比	回归系数	优势比	回归系数	优势比	回归系数	优势比
传统院校	−1.175** （0.557）	0.309	0.685 （0.576）	1.983	−21.351 （21949.435）	0.000	—	—
公办院校	0.202 （0.35）	1.223	−0.104 （0.337）	0.901	−1.203* （0.728）	0.300	38.028 （11781.478）	32748.000
log 学龄人口数	−0.032 （0.804）	0.969	1.615* （0.851）	5.028	−0.776 （1.542）	0.460	−13.123* （7.033）	0.000
专业就业率	0.002 （0.019）	1.002	−0.047*** （0.017）	0.954	−0.046 （0.032）	0.955	−0.303 （0.192）	0.738
省内开设相关专业院校数	0.004 （0.012）	1.004	−0.018* （0.011）	0.982	0.024 （0.022）	1.025	−0.478 （0.326）	0.620
人文社科院校	0.359 （0.342）	1.432	0.338 （0.359）	1.402	−0.07 （0.747）	0.933	−30.325 （9164.435）	0.000

续表

变量	财经商贸		电子信息		交通运输		农林牧渔	
	回归系数	优势比	回归系数	优势比	回归系数	优势比	回归系数	优势比
综合院校	−0.068 （0.282）	0.934	0.223 （0.297）	1.249	−0.429 （0.464）	0.651	−0.182 （2.047）	0.834
常量	2.84 （5.157）	17.119	−2.539 （5.252）	0.079	22.421 （21949.437）	54607.000	111.623 （11781.66）	3.002
R 方	0.159		0.107		0.230		0.767	
模型显著性	0.000		0.017		0.048		0.001	
样本量	387		326		122		47	

注：括号内为标准误，* 表示在 0.1 水平上显著，** 表示在 0.05 水平上显著，*** 表示在 0.01 水平上显著。

农林牧渔类专业的相对进入者均为传统院校，因此在回归统计时“院校历史”这一变量被排除。

表 6–11 专业相对退出 logistic 回归结果

变量	财经商贸		电子信息		公共管理与服务		交通运输	
	回归系数	优势比	回归系数	优势比	回归系数	优势比	回归系数	优势比
专业招生报到率	–0.005（0.004）	0.995	–0.007（0.004）	0.993	–0.009（0.012）	0.991	0.005（0.005）	1.005
专任教师数	–0.001（0.001）	0.999	–0.001（0.001）	0.999	–0.009*（0.005）	0.991	–0.003（0.002）	0.997
全日制高职在校生数	–0.0001*（0.00）	1.000	0.0002***（0.00）	1.000	0.0002（0.00）	1.000	0.0001（0.00）	1.000
log 生均经费	–0.275（0.614）	0.759	1.105（0.701）	3.020	–1.323（2.893）	0.266	1.843（1.306）	6.312
专业设置个数	0.002（0.011）	1.002	–0.033**（0.015）	0.967	0.001（0.002）	1.001	–0.063***（0.023）	0.939
45 岁以上专任教师占比	–0.016（0.012）	0.984	–0.016（0.015）	0.984	–0.009（0.046）	0.991	0.056**（0.028）	1.057
传统院校	–0.504（0.505）	0.604	0.708（0.488）	2.029	–2.313（2.248）	0.099	–20.482（17761.017）	0.000

续表

变量	财经商贸		电子信息		公共管理与服务		交通运输	
	回归系数	优势比	回归系数	优势比	回归系数	优势比	回归系数	优势比
公办院校	–0.456* （0.27）	0.634	–0.004 （0.316）	0.996	0.255 （0.982）	1.290	–1.427* （0.734）	0.240
log 学龄人口数	–0.19 （0.704）	0.827	1.02 （0.798）	2.772	–9.713*** （2.962）	0.000	–1.379 （1.271）	0.252
专业就业率	–0.018 （0.015）	0.982	–0.048** （0.02）	0.953	–0.027 （0.048）	0.974	–0.067** （0.033）	0.935
省内开设相关专业院校数	–0.002 （0.011）	0.998	–0.014 （0.01）	0.986	0.089*** （0.033）	1.093	0.012 （0.02）	1.012
人文社科类院校	0.074 （0.291）	1.077	–1.23*** （0.368）	0.292	4.434*** （1.335）	84.296	–1.571** （0.696）	0.208
综合类院校	0.158 （0.234）	1.171	0.151 （0.27）	1.163	2.453** （1.101）	11.619	–1.821*** （0.43）	0.162
常量	5.665 （4.097）	288.562	–1.632 （4.733）	0.196	44.726 （19.998）	2656.000	27.273 （17761.019）	6987.000
R 方	0.164		0.106		0.669		0.448	

续表

变量	财经商贸		电子信息		公共管理与服务		交通运输	
	回归系数	优势比	回归系数	优势比	回归系数	优势比	回归系数	优势比
模型显著性	0.000		0.004		0.000		0.000	
样本量	465		404		101		189	

表 6–11（续） 专业相对退出 logistic 回归结果

变量	教育与体育		农林牧渔		文化艺术		装备制造	
	回归系数	优势比	回归系数	优势比	回归系数	优势比	回归系数	优势比
专业招生报到率	0.007 （0.004）	1.007	0.01 （0.01）	1.010	0.006 （0.004）	1.006	0.006 （0.006）	1.006
专任教师数	0.006*** （0.002）	1.006	0 （0.003）	1.000	–0.002* （0.001）	0.998	–0.001 （0.001）	0.999
全日制高职在校生数	0.001*** （0.00）	1.000	0.0001 （0.00）	1.000	0.00001 （0.00）	1.000	–0.00002 （0.00）	1.000
log 生均经费	–0.01 （0.871）	0.990	–2.726 （1.676）	0.065	0.892 （0.641）	2.441	–1.229* （0.744）	0.293

续表

变量	教育与体育		农林牧渔		文化艺术		装备制造	
	回归系数	优势比	回归系数	优势比	回归系数	优势比	回归系数	优势比
专业设置个数	–0.006 （0.016）	0.994	–0.016 （0.03）	0.984	–0.0001 （0）	1.000	0.014 （0.015）	1.014
45 岁以上专任教师占比	–0.015 （0.021）	0.985	0.017 （0.033）	1.017	–0.031** （0.014）	0.970	0.014 （0.016）	1.015
传统院校	–0.666 （0.726）	0.514	–20.661 （16777.204）	0.000	–0.117 （0.497）	0.890	–0.552 （0.678）	0.576
公办院校	0.763* （0.393）	2.145	1.885** （0.894）	6.588	–0.352 （0.322）	0.703	–0.476 （0.404）	0.621
log 学龄人口数	0.169 （0.835）	1.184	–2.066 （1.603）	0.127	–0.376 （0.737）	0.687	0.502 （0.907）	1.651
专业就业率	–0.028 （0.017）	0.973	0.022 （0.033）	1.022	0.001 （0.011）	1.001	0.006 （0.015）	1.006
省内开设相关专业院校数	0 （0.011）	1.000	–0.069 （0.059）	0.933	0.007 （0.01）	1.007	–0.001 （0.012）	0.999

续表

变量	教育与体育		农林牧渔		文化艺术		装备制造	
	回归系数	优势比	回归系数	优势比	回归系数	优势比	回归系数	优势比
人文社科类院校	1.612*** （0.399）	5.013	−2.317*** （0.863）	0.099	0.486 （0.312）	1.626	−1.47*** （0.542）	0.230
综合类院校	0.86*** （0.316）	2.362	−0.29 （0.557）	0.749	0.202 （0.258）	1.224	−0.966*** （0.291）	0.381
常量	2.175 （5.409）	8.806	39.617 （16777.208）	16056.000	−1.381 （4.244）	0.251	4.78 （5.105）	119.160
R 方	0.247		0.376		0.120		0.116	
模型显著性	0.000		0.000		0.001		0.003	
样本量	325		133		373		430	

注：括号内为标准误，* 表示在 0.1 水平上显著，** 表示在 0.05 水平上显著，*** 表示在 0.01 水平上显著。

三、专业完全退出 logistic 回归结果

表 6-12 呈现了市场因素对于高职院校是否选择完全退出某类专业布点影响的二项 logistic 模型回归结果。

回归结果显示，财经商贸、电子信息和装备制造 3 类专业的模型通过显著性检验，其他几类专业大类均由于样本量过少而不具有统计显著性。

市场信号对于高职院校完全退出行为的影响，主要在财经商贸类专业中有所体现。在控制其他市场因素、院校特征、办学规模和资源条件因素的情况下，专业就业率只对高职院校选择完全退出财经商贸类专业的行为有显著负向影响，而专业就业率对于高职院校选择完全退出其他几类专业的概率没有显著影响。从财经商贸类专业来看，专业就业率越高的学校，越不倾向于完全退出该类专业。从现实生源市场信号的影响来看，专业招生报到率也只对高职院校完全退出财经商贸类专业的概率有显著负向作用，即专业招生报到率越高的院校，越不倾向于完全退出财经商贸类专业。同样，对于其他几类专业而言，这种影响并不显著。从市场竞争的情况来看，省域内开设相关专业的院校数量、log 学龄人口数均对于院校是否会完全退出专业类的行为选择没有显著影响。

从院校特征来看，专业完全退出行为与院校类型的关系主要体现在，与理工农医类院校相比，人文社科类的院校更不倾向于完全退出电子信息类专业。与传统院校相比，新建院校更

倾向完全退出电子信息类专业。

从学校规模对于高职院校完全退出某类专业概率的影响来看，在校生规模对于学校是否选择完全退出财经商贸、电子信息和装备制造3类专业均无显著影响。但是，高职院校专业设置数量对是否完全退出财经商贸类和装备制造类专业有显著影响，其中，专业设置数量对于学校完全退出财经商贸类专业有负向显著影响，而对于学校完全退出装备制造类专业有显著正向影响。也就是说，专业设置数量越多的院校，越不倾向于完全退出财经商贸类专业，而越倾向从装备制造类专业完全退出。

从学校经济资源对于高职院校完全退出某类专业概率的影响看，log生均经费均无显著影响。经费充足程度对于院校在未来3年内是否会完全退出某类专业实际也没有太大影响。这一结果使得高职院校专业绝对退出行为的实证结果得到进一步的印证。这在一定程度上说明，高职院校在作出专业布点撤减或完全退出的决策时或许并不关注专业调整所带来的质量和效益问题。

专任教师数量对于高职院校是否会从某类专业完全退出的影响均不显著，教师年龄结构的影响却得到一定程度的反映，主要表现在高职院校选择完全退出装备制造类专业的行为影响上。统计结果显示，45岁以上中老年教师占比越高的院校，完全退出装备制造类专业的概率也越高。

表 6-12　高职专业完全退出 logistic 回归结果

变量	财经商贸		电子信息		装备制造	
	相关系数	优势比	相关系数	优势比	相关系数	优势比
专业招生报到率	–0.031***（0.01）	0.969	–0.005（0.005）	0.995	0.001（0.006）	1.001
专任教师数	0.006（0.004）	1.006	–0.001（0.002）	0.999	0.002（0.002）	1.002
全日制高职在校生数	–0.0001（0.000）	1.000	0.0001（0.000）	1.000	–0.0001（0.000）	1.000
log 生均经费	1.849（1.412）	6.352	0.303（0.822）	1.354	0.192（1.043）	1.212
专业设置个数	–0.084**（0.034）	0.919	–0.008（0.018）	0.992	0.044*（0.023）	1.045
45 岁以上专任教师占比	0.035（0.028）	1.036	0.016（0.018）	1.016	0.053**（0.022）	1.054
传统院校	0.181（1.257）	1.198	–1.848**（0.853）	0.158	–1.078（0.752）	0.340
公办院校	–0.473（0.738）	0.623	–0.478（0.411）	0.620	0.438（0.471）	1.549
log 学龄人口数	0.333（2.009）	1.396	–0.114（0.966）	0.892	1.921（1.32）	6.829

续表

变量	财经商贸		电子信息		装备制造	
	相关系数	优势比	相关系数	优势比	相关系数	优势比
专业就业率	-0.021***（0.008）	0.979	0.007（0.007）	1.007	0.008（0.007）	1.008
省内开设相关专业院校数	-0.006（0.034）	0.994	-0.01（0.013）	0.990	-0.012（0.017）	0.988
人文社科类院校	-0.245（0.827）	0.783	-1.331***（0.398）	0.264	-0.698（0.593）	0.498
综合类院校	-1.439（0.925）	0.237	0.173（0.329）	1.189	-0.376（0.42）	0.687
常量	-6.363（9.211）	0.002	1.721（5.409）	5.588	-8.381（7.167）	0.000
R 方	0.459		0.143		0.209	
模型显著性	0.000		0.007		0.001	
样本量	271		268		262	

注：括号内为标准误，* 表示在 0.1 水平上显著，** 表示在 0.05 水平上显著，*** 表示在 0.01 水平上显著。

本章小结

基于以上的实证结果，可以得出如下几方面结论。

第一，无论从专业布点增撤看，还是从专业招生计划份额的增减看，高职院校各类专业的调整都是非常活跃的。从各专业类的调整路径来看，我们可以发现四种基本的调整样式：一是全面扩张式，包括交通运输、公共管理与服务两类专业，专业开设院校数和专业招生计划份额都出现“扩张”，是观测期受到高职院校普遍追捧的热门专业；二是全面收缩式，包括土木建筑、农林牧渔、文化艺术 3 类专业，开设院校数和专业招生计划份额均出现了“收缩”，说明这 3 类专业是观测期受到高职院校普遍“冷遇”的专业；三是分裂式，包括如电子信息、教育与体育两类在专业布点上受到高职院校的“冷遇”，在专业的招生计划份额上却受到已经开设院校“重点关照”；四是“冲突式”，包括如医药卫生、装备制造、财经商贸这 3 类专业，观测期内出现了“冲突式”的扩张或者收缩的专业，高职院校之间对于这些类型专业的调整取向出现明显分歧。

第二，劳动力市场信号对于高职院校专业调整的确是有影响的，但这一影响相对较弱。回归结果显示，劳动力市场信号对于多数专业类调整的影响其实是不显著的，只对于财经商贸、电子信息和交通运输 3 类专业的调整有显著性影响，且影响系数都比较小。其中，其对电子信息类专业相对退出的影响系数为 –0.048，对交通运输类专业相对退出的影响系数为 –0.067，也就是说，专业就业率每提高 1 个百分点，这些院校大幅削减电子信息类和交通运输类专业招生计划份额的概率仅分别降低 0.048 和 0.067，而劳动力市场信号对高职院校完全退出财经商贸类专业的影响系数也仅为 –0.021，也就是说，专业就业率每提高 1 个百分点，高职院校从财经商贸类专业完全退出的概率也仅相应降低 0.021。

第三，劳动力市场信号对于高职院校专业调整的影响还具有明显的不平衡性。从影响的具体路径来看，劳动力市场信号的影响更多地体现在对于高职院校的专业退出行为的影响上，对于高职院校增设专业类布点的倾向以及扩大专业类招生计划份额的倾向均没有显著性影响。从各专业类别调整的具体情况看，劳动力市场信号只对于财经商贸、电子信息和交通运输 3 类专业的调整行为具有显著性影响，而劳动力市场信号对于其他专业类调整的影响均不显著。换言之，其他大多数类别的专业调整，其实并未反映劳动力市场信号变动。劳动力市场信号对于高职院校专业调整影响的这种不平衡不充分性，也在一定程度上解释了为什么我国高等职业教育会出现专业供给结构失衡的问题。

第四，生源市场信号变化对于高职院校专业调整是确有影响的，但是对于不同类型专业而言，这种影响有很大的差别。总的来说，生源市场信号变化对于高职院校文科类专业调整的影响更为明显，其中又以财经商贸类专业最为突出。招生报到率高低不仅对高职院校是否会增设财经商贸类专业布点有显著影响，还对高职院校是否会扩大财经商贸类专业招生计划份额有显著影响，同时，招生报到率还显著影响着高职院校撤减财经商贸类专业布点数甚至完全退出财经商贸类专业的行为选择。另外，招生报到率对于高职院校是否会撤减文化艺术类专业布点的影响也是显著的。回归系数也支持了研究假设，即专业招生报到率越高，院校越会倾向于积极进入而不倾向于退出该专业。当然，生源市场信号的影响也表现出明显的不平衡性，相比之下，对于理工类专业调整来说，生源市场信号变动的影响并不显著。

生源市场潜力对于高职院校专业调整的影响整体并不明显，主要在其对公共管理与服务和农林牧渔两类专业招生计划份额调整的影响中有所反映。其中，log 学龄人口数对于高职院校削减公共管理与服务类专业招生计划份额的倾向有显著负向影响，也就是说，未来生源市场潜力越大，高职院校越不倾向于让公共管理与服务类专业萎缩。但是，农林牧渔大类专业的情况则有所不同，log 学龄人口数对于高职院校扩大该类招生计划份额有显著负向影响，所处区域未来生源市场潜力越大的高职院校，反而不倾向于扩大农林牧渔类专业招生份额。由于生源市场潜力大的区域，往往是经济发展相对较为滞后的区域，农业在这一类区域通常仍然占有较大比重。区域内高职院校收缩农林牧渔类专业招生计划配置的倾向，与本区域农业发展的要求之间是有所背离的。

第五，市场竞争对于高职院校专业调整倾向的影响整体并不明显，主要反映在其对高职院校削减公共管理与服务类专业招生计划份额以及撤减交通运输类专业布点的影响上。其中，省域内开设相关专业院校数对于高职院校削减公共管理与服务类专业招生计划份额有显著正向影响，也就是说，省域内开设公共管理与服务类专业的院校越多，高职院校越倾向于削减其公共管理与服务类专业的招生计划份额。而省域内开设相关专业院校数对于高职院校撤减交通运输类专业布点数则有显著负向影响，即省域内开设交通运输类专业的院校越多，高职院校越不倾向于撤减其该类专业布点数量。这一发现告诉我们，高职院校在进行专业调整时，市场中的竞争者因素是未被充分考虑的，学校更多关注的是学校自身的因素。对于交通运输等类专业而言，反而出现了退出难现象，即区域内开设同类专业越多，高职院校越倾向于继续保持专业布点。这在一定程度上解释了我国高职院校的专业设置同质化倾向为何一直难以消解的问题。

第六，学校特征对于高职院校专业调整的影响较为明显，其中又以科类特征的影响最为突出。与理工农医类院校相比，人文社科类院校更不倾向于退出理工类和涉农类的专业，从电子信息、装备制造和交通运输 3 类专业布点撤减和招生计划份额削减的概率来看，人文社科类院校均低于理工农医类院校，同时，人文社科类院校完全退出电子信息类专业的概率以及削减农林牧渔类专业招生计划份额的概率也要低于理工农医类院校。这说明，人文社科院校一旦开设了理工类专业，就倾向于保持住这种跨界专业结构。这一结论同样也适用于理工农医类院校，与人文社科类院校相比，理工农医类院校削减公共管理与服务、教育与体育类专业招生计划份额的概率也更低。对于理工农医类院校来说，一旦开设了人文社科类专业，也倾向于保持住这些跨界专业的份额。

与理工农医类院校相比，综合院校更不倾向于撤减交通运输类专业布点，更不倾向于削减交通运输、装备制造两类专业的招生计划份额。同时，与理工农医类院校相比，综合类院校也更倾向于削减公共管理与服务和教育与体育两类专业的招生计划份额。可以看出，在人文社科类院校和综合类院校推进专业调整的过程中，都出现了一种保持理工类专业而抑制部分文科专业的倾向。另外，财经商贸和艺术设计两类专业布点的调整路径也出现了分化现象：理工类院校更倾向于保持两类专业布点的相对稳定，而人文社科类院校在这两类专业布点调整上表现得非常积极。笔者也同时关注到，人文社科类院校和理工农医类院校在专业布点调整倾向上的分化，并没有同时在专业招生计划份额调整中得到反映，也就是说尽管人文社科类院校在财经商贸类和文化艺术类专业布点调整上表现活跃，在这两类专业招生计划份额调整方面却与理工农医类院校没有显著差异。

学校性质特征对于院校专业调整的影响表现在，与民办院校相比，公办院校更不倾向于撤减电子信息类专业布点，倾向于削减教育与体育和农林牧渔两类专业的招生计划份额，不倾向于削减财经商贸类专业的招生计划份额。对于交通运输类专业招生计划份额调整的影响，公办院校与民办院校也出现了分化：公办院校总体倾向于保持交通运输类专业招生份额的稳定，而民办院校则相对较为活跃，积极增减该类专业的招生计划份额。

学校历史特征对于院校专业调整的影响则表现在，与传统院校相比，新建院校更倾向于增设财经商贸类专业布点，更倾向于扩大财经商贸类专业的招生计划份额，从电子信息专业类中完全退出的概率也更高。这反映了新建院校办学时间短，历史包袱较轻，因而也更容易从办学成本较低的热门专业中进出。

第七，办学规模和资源水平对于院校专业调整的影响也有不同程度的反映。在校生规模对于高职院校专业调整的影响整体而言是负向的。对于教育与体育、电子信息等类专业而言，在校生规模越大的高职院校越倾向于削减这两类专业的招生计划份额；对于财经商贸类和文化艺术类专业而言，在校生规模越大的高职院校越不倾向于增加这两类专业布点数；对于电子信息类专业而言，在校生规模越大的高职院校越倾向于削减这类专业的布点数；在校生规模对于高职院校调整财经商贸类专业招生计划份额的影响也出现了明显分化：对于规模较大的院校而言，稳定财经商贸类专业招生计划份额成为优先选择；而规模较小的院校则积极重新配置该类专业的招生计划份额。专业设置数量对于专业调整的影响主要表现在，专业设置越多的院校越倾向于撤减装备制造类的专业布点数，也更倾向于从装备制造大类专业中完全退出。同时，专业设置数量越多的院校反而更不倾向于完全退出财经商贸类专业，也不倾向于削减电子信息、交通运输两类专业的招生计划份额。也就是说，即便有些院校专业数量相对较多，但也倾向于在其专业布局中保留住财经商贸这一热门文科专业类，同时也更倾向于保持电子信息和交通运输等热门工科专业类的招生计划份额。

学校经济资源条件对于院校专业调整的影响主要体现在对增设财经商贸、文化艺术等类专业布点和削减装备制造类专业招生计划份额的负向影响上。办学经费越是充裕的院校，越不倾向于继续增加财经商贸类和文化艺术类专业布点数，也越不倾向于削减装备制造类专业的招生计划份额。同时，我们还发现，办学经费越充裕的院校撤减交通运输类专业的布点数的概率也更高。其中，文科中的财经商贸类、文化艺术类专业以及工科中的交通运输类专业基本上都是投资少、见效快的热门专业，而装备制造类专业则属于投资大、办学成本较高的专业类型。可见，办学经费充裕程度对于高职院校专业调整的路径选择的确产生了重要影响，这种影响更多地体现在办学成本较低专业的进入和部分办学成本较高专业的退出上，但是，学校办学经费的充裕程度对于其他专业类特别是高成本的工科类专业进入行为并没有显著影响。

师资条件的影响既体现在对于高职院校增设财经商贸和文化艺术等类专业布点倾向的负向影响上，也体现在对于院校削减公共管理与服务和文化艺术类专业招生计划份额倾向的负向影响上。研究发现，师资越是充足的学校，越是倾向于增加财经商贸类和文化艺术类专业布点数，也越不倾向于削减公共管理与服务和文化艺术类专业的招生计划份额。但是从教育与体育类专业的调整来看，师资数量对于院校相对退出该类专业的行为有显著的正向影响，也就是说师资数量越是充足的院校越倾向于缩减教育与体育类专业的招生计划份额。这至少说明，对于师资相对充足的院校来说，教育与体育类专业或许已经不是其生源配置的重点领域。师资年龄结构对于院校专业调整的影响也有所反映，主要体现在中老年教师占比越高的院校越不倾向于撤减文化艺术和财经商贸类的专业布点，也越不倾向于削减文化艺术类专业招生计划份额。另外，中老年教师占比越高的院校也越不倾向于增加农林牧渔类专业的招生计划份额。但是从院校在交通运输类专业的相对退出行为来看，却刚好相反。中老年教师占比越高的院校越倾向于削减该类专业的招生份额。装备制造类专业的调整情况更加特殊，中老年教师占比越高的院校专业布点调整越是积极，青年教师占比越高的院校，反而越倾向于保持装备制造类专业布点的稳定。这或许与装备制造类专业成熟期比较长有关。由于装备制造类专业对于教师专业能力和实习实训条件等要求比较高，对于青年教师而言，通常需要相对较长的时间周期才能胜任本专业的教育教学工作。

第八，研究结果并未推翻制度主义理论关于专业调整的解释。研究中所发现的高职院校坚持跨界布局的专业调整倾向，在一定程度上推翻了制度主义关于合法性机制的解释，但支持了制度学派关于组织同构的解释。另外，研究所发现的两种倾向，也都在一定程度上支持了制度学派的合法性和制度同构理论关于专业调整的论断：一是公办院校和传统院校对于交通运输、财经商贸以及电子信息等类专业布局的坚守倾向；二是对于交通运输等类专业而言，存在区域内开设同类专业院校越多，高职院校反而越可能会继续保持该类专业布点的同质化倾向。

第七章　高职专业调整与劳动力市场适切性影响因素的典型个案剖析

第六章的研究发现，劳动力市场信号对于高职院校专业调整的影响总体是相对较弱且不平衡的。根据经济学的市场供求均衡模型基本上可以断言，在高职院校专业调整的决策过程中，劳动力市场信号调节作用发挥的不平衡、不充分性，在相当大程度上已经决定了我国高职人才供给与劳动力市场需求的结构性失衡是一种必然。那么在高职院校专业调整的实践中，到底哪些因素影响了市场作用的有效发挥呢？

为深入把握影响市场作用有效发挥的因素，需要我们重点了解在专业调整实践中，高职院校是如何对劳动力市场信号进行获取、加工和利用的。为此，本研究选取了一些典型高职院校及典型专业进行个案研究。通过对高职院校新专业申报、招生计划分配等过程的调研，以及对相关教务管理人员、系部和专业负责人等的访谈，对高职院校专业调整的决策过程进行深入了解。在此基础上，笔者进一步对影响专业调整与劳动力市场适切性的因素进行讨论。

第一节 信息不完全：高职院校能获取准确的劳动力市场信号吗?

新古典经济学中的完全竞争模型是建立在市场供需双方都具有关于产品质量和价格完全信息的假设基础上的。其中，生产主体可以根据市场价格信号的变化及时调节生产资料配置，组织符合市场需求的产品供给，从而保证供给的效率。从满足劳动力市场对于各类高素质技术技能人才需求角度来看，作为各类专业人才供给主体的高职院校，获取准确的劳动力市场价格信号就成为其有效调整专业供给的前提条件。

那么，高职院校能准确获取劳动力市场信号吗？答案是肯定的。有很多办得好的专业，都实现了校企合作办学、合作育人和合作就业，专业人才培养基本上实现了从招生到就业的“一条龙”无缝衔接。然而，在调研中笔者也发现，“很多办得比较好的专业，都是因为企业主动找上门来”，高职院校普遍存在“走出去难”的问题，专业人才市场需求调研不足，仍然“按照惯性在办专业”或者“按照感觉去办专业”。

以新设专业需求论证为例，高职院校在人才需求论证时不同程度地存在“大而空”的现象。笔者通过对 2019 年北京市高职院校新设专业申报文本的分析发现，绝大多数高职院校采用了文献研究的方法进行专业人才需求的市场调研，而且比较普遍地存在以国家宏观人才需求来取代区域人才需求、以相关人才需求来取代专业人才需求、以当前人才需求替代未来人才需求等现象。如X学院关于“人工智能技术服务专业”人才需求论证文本中，提供了“过去三年，在全球范围内，通过领英平台发布的AI职位数量从2014年接近5万个职位增加到2016年的超过44万个”“工信部教育考试中心副主任周明曾在2016年向媒体透露，未来中国人工智能人才缺口超过500万人”等证据。新设专业人才培养定位与本科同类专业的区别不明，专业所对应的具体职业岗位不明，专业人才就业重点面向的区域范围、行业产业不明，专业人才需求数量规模和素质要求不明，使得新设专业人才培养与劳动力市场需求的适切性难以保证。

机构分化和分类培养是高等教育大众化阶段世界各国的普遍选择。克拉克·克尔将大众化高等教育系统培养的人才划分为具备高深知识的学术人才、具备确定职业能力的专业人才和具备规则化技术技能的应用型人才三类。[1]在我国高等教育已经步入大众化并向普及化迈进的今天，高等教育产品丰富多样，市场竞争也日趋激烈。高职院校在进行专业设置和调整时，必须明确各专业的人才培养定位，即明确“产品”的规格以及市场定位，并在区域中找到细分市场。如没有进行充分的市场调研，未能及时从企业行业一线获得准确的需求信号，而仅依据

[1] ［美］克拉克·克尔．高等教育不能回避历史：21世纪的问题［M］．王承绪，译．杭州：浙江教育出版社，2001：105-106.

大而化之的失真信号作出决策，高职院校的专业设置与调整必然是随意而粗放的，难以实现专业人才的精准供给。

第二节　不完全竞争市场：是否存在垄断与进入退出壁垒？

市场只有在满足完全竞争的预设下才能实现对于资源配置和供需平衡的有效调节。然而，在我国高职院校专业调整的实践中，这一预设显然过于理想化，高职院校的专业进入与退出决策面临各种行业壁垒和制度等约束，使得专业调整难以有效满足市场需求。

一、行业分割与高职专业供给

改革开放40多年来，我国经济体制经历了从计划经济到市场经济的转变，市场在资源配置中的决定性作用日益增强。同样，我国劳动力供需调节也经历了市场化的进程。但是在这一过程中，由于国家高度集中的行政权力和所有制改革不彻底，使得劳动力市场出现了行业分割现象。我国当前的行业分化主要可以分为两类：第一种是竞争性行业，包含农林牧渔，制造，建筑，批发零售，住宿餐饮，租赁和商务服务，居民服务和其他服务等行业。这些行业受到的政府管制较少，按照边际成本原则决定劳动用工需求，市场竞争比较充分，劳动力可以自由进出市场。第二种是垄断性行业，包含电力、热力、燃气及水的生产和供应，交通运输，仓储和邮政，金融，房地产等行业。这些行业企业基本上以国有单位为主，来自其他企业的竞争压力很小，劳动力市场存在较大的进入壁垒，对外部劳动力存在一定程度的排斥性。[1]由于劳动力市场的行业分割，使得一些行业专用性较强的专业供给与劳动力市场需求出现了“错位”。对于垄断行业而言，由于更倾向于在系统内解决人才的供给问题，使得系统外部的劳动力供给相对无效。在我国高职专业人才供给领域，尽管经历了20世纪90年代末的管理体制调整，很多行业院校被下放到地方，但是很多院校的行业性特征仍然非常突出，与行业主管部门和原有行业有着千丝万缕的联系，其专业人才供给在行业劳动力市场中的作用仍具有不可替代性，其他非行业院校要进入该类行业劳动力市场通常面临巨大的进入壁垒。

以交通运输产业中的轨道交通行业为例。近年来，我国轨道交通行业取得了巨大发展，地铁、轻轨还有高铁的建设在轨道交通工程施工、试验检测、维修养护、技术管理和运营等方面新增了大量的技术技能人才需求。很多高职院校也敏感地捕捉到了这一劳动力市场信号，并开设了大量的轨道交通相关专业，但是从部分高职院校相关专业毕业生的就业情况来看，专业调整的实际效果并不理想。

---

[1] 张杰，张建武．我国城镇劳动力市场行业分割的测度——基于CHIPS数据的经验研究［J］．求索，2014（5）：95.

以陕西省的城市轨道交通运营管理专业为例，该专业主要面向地铁、轻轨等城市轨道交通运营企业、铁路运输企业、地方铁路及大型厂矿企业的运输部门等，培养在生产、管理和服务一线从事轨道交通安全管理、调度指挥、车站值班、信号控制、站务、设备检修及票务等工作的技术技能人才。

陕西省首个铁道交通运营管理专业（600606）由A学院于2003年开设。此后，B学院、C学院和D学院也分别于2009年、2012年和2016年相继开设了这一专业。但是，从毕业生就业情况来看，A学院和C学院两所“铁道”行业院校的毕业生就业要明显好于其他两所非行业院校。通过对毕业生就业去向的分析发现，“铁道”行业院校该专业有七成以上的毕业生都进入了西安铁路局、郑州铁路局、西安地铁公司等铁路单位及中铁一局等大型国有企业，即该行业的主要劳动力市场；尽管D学院是首批国家示范性高职建设院校，办学实力在陕西省首屈一指，该专业的毕业生就业质量也远逊于A学院和C学院，只有不到两成进入国有企业。而B学院同一专业进入国有企业的毕业生甚至只有不到2%，而且个别毕业生所就业的国有企业也多是诸如新疆天雨煤化集团有限公司、中安保实业有限公司等，与“铁道”行业不相关的企业，毕业生的实际对口就业率很低（见表7-1）。

回顾这4所高职院校的办学历史发现，A学院的前身是西安铁路运输学校和西安铁路运输职工大学，C学院的前身是渭南铁路工程学校，均隶属于原铁道部，D学院则是一所具有农业、水利行业背景的院校，而B学院是一所新建民办院校。和

表 7–1　2019 年陕西省城市轨道交通运营管理专业开设与就业情况

就业去向	A 学院	B 学院	C 学院	D 学院
国有企业（人）	174	6	77	19
私营或合资（人）	33	312	18	71
正在求职（人）	6	67	7	6
专升本（人）	2	24	1	9
全部（人）	215	409	103	105
国有企业就业率（%）	80.93	1.47	74.76	18.10
就业率（%）	97.21	83.62	93.20	94.29

数据来源：全国高职院校人才培养工作采集平台。

A 学院、C 学院一样的“铁道”行业高职院校，还有南京铁道职业技术学院、郑州铁路职业技术学院、武汉铁路职业技术学院等，全国共有 30 多所。伴随着 21 世纪初的高校管理体制改革，这些院校由原铁道部、中国中铁、中国铁建、中国南车、中国北车等部委和企业办学，逐渐划归省级行政部门进行统筹管理。

尽管这些行业院校管理权已下放地方，但与原行业仍然保持着天然联系。“铁路系统单位对原来自己系统办的学校更加了解，也更加信任，一般不去轻易招其他学校的学生。”轨道交通行业对于行业外部高职院校的排斥，使得其他高职院校相关专业培养的人才很难进入行业主要劳动力市场中。因此，对于诸如轨道交通等类的垄断性行业而言，劳动力市场的分割，使得行业外部的高职院校要实质性地进入相关专业，面临较高的进入壁垒。换言之，即便是劳动力市场上的人才需求确实存在，这个需求更多的是一种行业内部需求。对于行业外高职院校而言，垄断行业的需求信号并非有效的市场需求信号，开设相关专业未必能实现毕业生的高质量就业。

二、难撤的专业与退出壁垒

“能上不能下”一直是专业调整的难点。为了推动高职院校优化专业布局，2015 年，教育部发布《普通高等学校高等职业教育（专科）专业设置管理办法》，进一步强化了专业动态调整机制，要求对就业率连续两年低于 60% 的专业，调减招生计划直至停招，并明确提出“连续三年不招生的专业点，高校应及时撤销”。但是，从高职院校专业调整的实践来看，仍然存在“退出难”的问题，并突出表现为“撤销难”的现象。

高职院校在专业调整时，更倾向于进入，而不是退出，而且退出的方式更多是选择停招，而不是选择主动撤销。以 A 市为例，2015—2019 年，高职院校新增专业点数要远高于撤销专业点数，同时，停招专业点数也远高于撤销专业点数。统计显示，2015—2019 年，A 市平均每年停招 124.6 个高职专业布点，新增 52.8 个专业布点，但是平均每年仅有 8 个专业布点被撤销（见图 7-1）。这也就意味着，在 A 市 25 所高职院校中，平均而言，每所高职院校每年新增 2.1 个专业布点，却只撤销 0.32 个专业点。更多高职院校选择停招的专业退出方式。这一时期，每所高职院校平均每年有 5 个专业点停招。

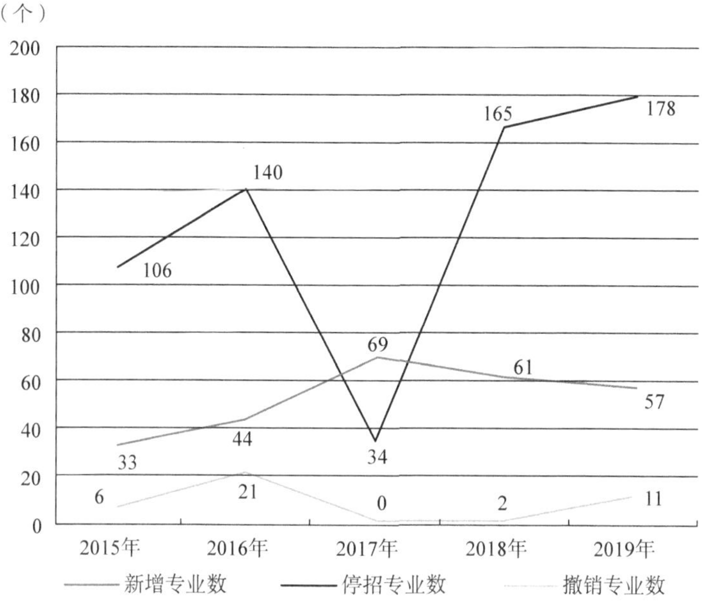

数据来源：全国高职院校人才培养工作采集平台。

图 7-1　2015—2019 年 A 市高职专业布点停招与撤销情况

高职院校在专业布点调整时“停而不撤”的倾向，使学校专业布点总数呈现了居高不下的局面。很多专业实际处于“僵尸”状态，造成部分专业教育教学资源的闲置和浪费。那么，为什么高职院校不倾向于撤销专业点呢？一方面，尽管教育主管部门对于专业撤销提出了“停招满三年”的硬性要求，但是高职院校中还普遍抱有“等等看”心态。“好不容易申请下来的，不如先留着，如果真砍掉了，再想办就难了。”而且，在实操层面，高职院校保留这些“准撤销”专业的成本很低，

“有很多变通方法来留住这个壳子”。另一方面，很多高职院校在作出撤销专业的决策时，都是比较慎重的。这是因为砍专业很大程度上会面临来自专业教师的巨大压力。访谈中笔者发现，很多高职院校的校领导和教学管理者都将教师作为专业调整面临的最大难题，认为“专业调不动，主要是因为教师调不动”。在很多高职院校中，专业是一个实体组织，有一支专门的教师队伍。削减专业，要么意味着相关教师特别是专业课教师转到其他非教学岗位，所谓“被边缘化”，要么需要转教其他专业课程，需要新的学习和适应过程，因此他们往往对于撤销自己所在的专业非常抵触。在当前我国高职院校“能进不能出”的人事管理制度以及“稳定压倒一切”的形势之下，高职院校普遍认为“撤专业，请老师转岗是个大事”，“他们对于这个专业有感情”，“一旦砍了专业，就是动了一些老师的饭碗”或者“被认为是对教师的极大不尊重”，“会得罪很多教师，特别是老教师”，甚至“害怕老师会做极端的事”，影响校园安全稳定。因此，对于决策者来说，即便是万不得已需要“收缩”专业布局时，也大多会选择减招或者暂时停招这种相对稳妥的方式，撤销专业点往往成为最后的选项。教师特别是专业课教师的调整实际上成为高职院校完全退出专业的最大障碍。

第三节　两个市场的抉择：要生源，还是要就业？

我国高职专业供给同时面对着生源和劳动力两个市场领域的需求，确实存在生源市场信号与就业市场信号相背离的情况。有些专业就业很好，但是学生和家长并不认可，如农林牧渔、一般制造、传统服务行业相关的一些专业；而有些专业就业压力很大，却备受学生和家长追捧，如财会金融、信息技术行业相关的一些专业。这种情况很大程度上与人们对于某些行业或者职业的传统社会观念有关，即更多地从专业所服务的行业或者对应职业岗位的“体面”程度去评价一个专业的好坏。当然，劳动力市场需求也是学生和家长选择专业的重要依据，但是不可否认的是，其对于劳动力市场信息的掌握并不是全面的，并且多数情况下会以一种盲从心态选择专业。但是，对于高职院校来说，生源是最重要的发展资源，特别是在当前高职生源竞争形势日益严峻的背景下，是否能吸引到充足的生源成为很多高职院校进行专业调整时的优先考虑。

以老年服务与管理专业为例。随着我国人口老龄化的加剧，养老市场有着巨大的专业人才需求。据北京师范大学中国公益研究院发布的《2017 年中国养老服务人才培养情况报告》

推算，我国至少需要1300万护理员和20万专业护理人员。而目前各类养老服务人员不足50万人，其中，持证人员甚至不足2万人，全国养老服务人才需求存在巨大缺口。[1]高职院校敏感觉察到了这一社会需求，纷纷开设老年服务与管理专业（690301），致力于面向各级民政部门、老年机构、老年事业产业单位、老年社会团体等，培养在老年事业管理、老年产业经营、老年社团活动、老年大学教学与管理一线工作的技术技能人才。从该专业毕业生的实际就业情况来看，该专业就业状况良好，保持了较高的就业率和对口就业率。以2018年为例，该专业的平均就业率达到了95%以上，平均对口就业率也在75%以上，均高于高职平均就业水平。

尽管我国养老产业有着巨大的现实人才需求，但是在很多高职院校的管理者看来，相关专业却是"叫好不叫座"。这是因为目前养老相关职业的社会认同度还很低，在很多学生和家长眼中属于"最脏、最苦、最难、最累""收入最低""最没有职业尊严""最没有发展前景"的职业，这极大地影响了老年服务与管理专业的招生。实际上，该专业招生情况也的确不容乐观。统计发现，2015年，该专业的平均实际招生报到率仅为77%，有近三成的院校该专业的实际招生报到率不足70%。受此影响，很多高职院校也开始缩减该专业招生计划。笔者对"状态数据库"中2016年已经开设老年服务与管理专业并招生的78所院校进行追踪后发现，到2018年，有36所院校该专

[1] 李晓，王斯敏，马卉．我国养老服务业人才现状［EB/OL］．［2019-03-25］．https：//www.sohu.com/a/303549564_115423.

业招生数较 2016 年已经有所减少，占招生院校总数的近一半。也就是说，在面临要生源还是要就业的抉择时，要生源事实上成为很多高职院校的优先选项。

第四节 政府宏观调控会造成劳动力市场信号的扭曲吗?

政府宏观调控的目的是用政府干预的方式去弥补“市场失灵”。在我国高职教育领域，政府在资源分配中仍然发挥着主导作用，而专业又是高职院校向外部对接资源的重要平台和载体，这就使得政府意志对高职院校专业调整行为的影响作用更加直接。然而，政府部门更多是从经济社会发展战略角度来考虑人才供给问题，其获取劳动力市场需求信息是不完全的，难以从市场需求细分的角度对各类高职院校的“生产”提供更多有效指导。然而，政府所释放的信息对各类高职院校“生产”的影响是广泛而有效的。从由此产生的后续效果来看，政府“一刀切”式的调控却极易引起高职院校一哄而上的专业增撤行为，使得一些专业供给短期内出现大起大落。

以大数据技术与应用专业（610215）为例。因大数据对于经济、社会、科研以及国家安全等方面的巨大价值，在政府层面受到了高度重视。2015 年 8 月，国务院印发《促进大数据发展行动纲要的通知》，标志着大数据产业已被提升至国家战略高度，并明确鼓励高校设立数据科学和数据工程相关专业，重点培养专业化数据工程师等大数据专业人才。各级地方政府也纷纷响应，制定政策助推大数据产业的发展。

在政府促进大数据产业发展相关政策的激发下，高校掀起了开办大数据相关专业的热潮，专业布点数量激增。2016 年，教育部新增“数据科学与大数据技术”专业，北京大学、对外经济贸易大学、中南大学成为首批设置高校。2017 年，又有 32 所高校批准开设。到 2018 年，获批设置相关专业的高校总数已经达到 248 所，接近前两次获批高校总数的 8 倍。

在这一热潮中，高职院校也不甘退后。自 2016 年“大数据技术与应用”专业进入高职目录之后，专业布点数量也出现了井喷态势。笔者通过对“状态数据库”的统计发现，2016 年即有 16 所高职院校获批开设“大数据技术与应用”专业，到 2018 年，开设院校已经增至 135 所，招生人数也从 2016 年的 60 人，增至 2018 年的 3300 人（见图 7-2）。短短三年间，布点数增长 8.4 倍，招生数更是增长 54 倍。然而，在新设专业毕业生尚未得到劳动力市场的有力确认之前，专业布点和招生人数短期内的快速膨胀，势必形成巨大的就业压力。

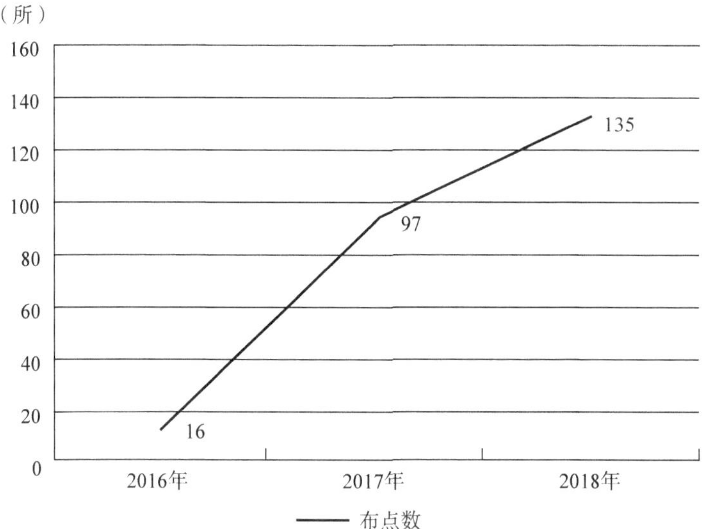

数据来源：全国高职院校人才培养工作采集平台。

图 7-2　2016—2018 年我国高职院校“大数据技术与应用”专业布点调整情况

第八章　研究结论与建议

第一节　研究结论

为了更加科学地回答我国高职专业调整与劳动力市场适切性的问题，本研究从高等职业教育的基本特性出发，在明确高职专业人才培养与劳动力市场需求内在关联的基础上，宏观地分析了我国高职专业调整的基本特征及其与劳动力市场的适切性，并进一步将市场模型的实证检验和典型案例分析相结合，剖析了市场因素对高职院校专业调整的影响。本研究得出了如下的基本结论。

（1）高等职业教育的快速发展适应了我国经济产业发展与人才需求升级的大趋势。进入21世纪以来，作为我国推进高等教育大众化的生力军，高等职业教育实现了规模的快速扩张，高职院校每年向劳动力市场输送的毕业生数量迅速达到300万人以上的规模。高等职业教育规模的扩张，一方面极大地满足了人民群众日益增长的高等教育需求，另一方面顺应了我国经济产业发展对于人才素质不断提升的要求。我国经济发展和产业升级使得职业结构以及职业人才素质要求都发生了深刻变化。从“十二五”以来的情况看，职业结构变化主要表现在以农林牧渔水利业生产人员为代表的第一产业就业人员的大幅减少和以商业、服务业人员为代表的第三产业就业人员的大幅增长。除农林牧渔水利业生产人员外，其他各类职业就业人员中高职层次人才数量均有了不同程度的增加。产业发展带来了职业岗位“知识”“技能”需求的升级，高职规模的扩张总体适应了这一趋势，并作出了重要贡献。

（2）我国高等职业教育专业调整步入加速期，专业调整呈现明显的结构性特征。“十二五”以来，我国高等职业教育由规模扩张阶段逐渐转入聚焦内涵发展阶段，高等职业教育专业调整也进入一个加速期。这一时期，高职院校新增专业布点的冲动仍然不减，专业布点增撤和专业招生计划份额调整都非常活跃，专业布点总数仍在持续增加。但是，与之前相比，高职院校不再一味地热衷于上马“新”的专业类型，并坚决从一批“老”专业中退出，出现了有进有退、进退互现的局面。同时，这一时期高职专业调整的结构性特点也更加突出，不同类型专业的调整路径出现了明显分化。其中，既有如交通运输、公共管理与服务等类专业的“全面扩张式”调整模式，又有如土木建筑、农林牧渔和文化艺术等类专业的全面收缩式调整模式，还有如电子信息、教育与体育、医药卫生、装备制造和财经商贸类等专业的“分裂式”或“冲突式”调整模式。这反映出这一时期，高职院校之间对不同类型专业的调整取向出现了明显分歧。

（3）从供需匹配的角度来看，我国高职专业调整与劳动力市场需求的整体协调性较差。主要体现在规律性冲突和结构性矛盾两个方面。所谓规律性的冲突，是指高职人才培养规律与劳动力市场需求规律的冲突，即高职人才培养具有周期性，使得短期内高职专业调整节奏性较慢且趋势性较强，而劳动力市场短期需求变动较快且波动性较大。规律性的冲突使得短期内专业人才的供需失衡几乎成为一种必然。结构性的矛盾则主要是指专业人才供给结构与劳动力市场需求结构失衡造成的供求错位。从专业类型来看，供求错位的问题在财经商贸、电子信息、农林牧渔、文化艺术和教育与体育等类专业人才培养中表现得尤为严重。对于这些类型的专业，特别是如财经商贸等之类专业人才供给规模的不断扩张而毕业生工作与专业相关度却较低的专业，应成为我国未来调整优化的重点专业领域。

（4）“市场模型”对于我国宏观高职专业调整有一定的解释力。从双变量相关分析的结果看，市场模型对于“十三五”以来我国宏观高职专业调整是有一定的解释力的，主要表现在专业布点增长率与毕业生对口就业率的显著强正相关，以及专业布点增长率与起薪增长率、毕业生就业率、毕业生就业率增长幅度3个变量之间的正相关关系。这一结果在一定程度上支持了市场模型关于毕业生工资水平的提升会使相关专业的供给显著增加，以及毕业生就业机会的增加也会使相关专业的供给显著增加的假设。然而，实证结果所发现的专业调整与毕业生就业机会增长的负向相关性问题，也印证了我国高职专业调整与劳动力市场之间更加复杂的相互影响关系，即高职专业调整的方向与劳动力市场信号调节的方向或许并不一致。

（5）劳动力市场信号对于高职院校专业调整的影响较弱且不平衡。市场模型关于完全竞争的假设，要求作为专业调整的主体的高职院校根据劳动力市场信号及时配置“生产”资源，但基于市场扩展模型的实证结果发现，在我国高职院校的专业调整实践中，这种影响其实是非常有限的。劳动力市场信号只对财经商贸、电子信息和交通运输 3 类专业的调整有显著性影响，对于多数专业类调整的作用均不显著。并且，从财经商贸、电子信息和交通运输 3 类专业调整的回归系数来看，这种影响也是相对较弱的。除了专业类别的差异，劳动力市场信号对于高职院校专业调整影响的不平衡性，还体现在对专业调整具体路径影响的差异上。即劳动力市场信号更多地对于部分专业类的退出行为产生了作用，而对高职院校各专业类的进入行为影响不显著。换言之，如果劳动力市场需求弱，会使得高职院校更倾向于撤减部分类型的专业布点或者调低其招生计划份额，但是在高职院校决定是否扩张某类专业（通过增设专业布点或者提高专业招生计划份额）时，该类专业劳动力市场需求强弱信号并没有成为其重要的决策依据。劳动力市场信号对高职院校专业调整实践影响的这种不平衡、不充分性，实质上是造成我国劳动力市场上高职专业人才供需结构性失衡的重要原因。

（6）市场竞争对于高职院校专业调整的作用尚未得到有效

发挥。竞争者数量对于高职院校专业调整的影响整体并不显著，主要反映在其对于高职院校削减公共管理与服务类专业招生计划份额以及撤减交通运输类专业布点行为的影响上。这说明，高职院校在进行专业调整时，更多是基于学校自身因素作出专业调整的决策，其所在区域市场中竞争者的因素未被充分考虑。而且，对于如交通运输等类专业而言，甚至还出现了区域内开设同类专业院校越多，高职院校越倾向于保持专业布点的倾向。我国高职院校专业设置同质化倾向一直为人诟病，这一发现为这一问题的存在提供了新的证据，同时，也让人深刻意识到竞争不充分对高职专业调整效率的不利影响。需要引起警示的是，在高职专业供给领域，市场竞争的不充分以及各类市场进入与退出壁垒的存在，或许进一步加剧了高职专业结构与劳动力市场需求的脱节。

（7）生源市场信号变化对于高职院校专业调整是确有影响的，但专业类型不同，这种影响有很大差别。总体而言，生源市场信号变化对于高职院校文科类专业调整的影响更为明显，其中又以财经商贸类专业最为突出。回归结果支持专业招生报到率越高，高职院校越倾向于积极进入而不倾向于退出该类专业的研究假设。但是，生源市场信号的影响也表现出了明显的不平衡性。相比之下，生源市场信号对理工类专业调整的影响并不显著。生源市场潜力对于专业调整的影响整体并不明显，这在一定程度上反映出在应对生源长期变化趋势方面高职院校是非常无力的。生源市场日益增加的竞争压力，可能会使得部分高职院校在专业调整时必须要作出是要劳动力市场，还是要生源市场的抉择。

（8）相比市场对于高职院校专业调整的影响，学校特征因素的影响更为明显。其中又以院校科类特征对于专业调整的影响最为突出。对于人文社科院校而言，一旦开设理工类专业，就倾向于保持住这种跨界专业布局结构。而对于理工农医类院校亦是如此，一旦开设人文社科类专业，也倾向于保持住这些跨界专业的招生计划份额。此外，院校特征因素的影响还表现在，公办院校和传统院校也倾向于保持交通运输、财经商贸、电子信息等类专业的稳定。从这个意义上讲，我国高职专业调整与其说遵循的是市场逻辑，不如说更多地遵循着一种制度逻辑。

（9）在专业调整的影响因素中，学校规模和资源水平等因素的影响也有不同程度的反映。高职院校专业进入行为对于财经商贸、文化艺术等低成本热门专业的热衷，对其他高成本工科类专业的漠视，以及在退出专业时，对装备制造等高成本专业退出的决绝，让人有理由对新增专业的办学质量表示怀疑，同时，也进一步加深了我们对于高职专业结构整体失衡的忧虑。

（10）高职院校存在热衷于举办跨界专业的倾向，也进一步证明了我国高职院校中普遍存在追求“大而全”的冲动。此举不利于提高专业资源配置的效益，不利于办出专业特色、形成核心竞争优势，并最终会影响毕业生在劳动力市场上的竞争力。

（11）从部分地区和部分高职院校专业调整的实践来看，

我国高职院校是否具有获得准确市场需求信息的能力是值得怀疑的。即便获取了准确的市场信息，由于部分行业劳动力市场进入壁垒、学校内部专业退出壁垒，以及生源竞争压力的存在，使得高职院校也难以及时提供有效的劳动力市场供给。此外，政府“一刀切”式的宏观调控对于市场信号也产生了一定的干扰作用。这些个案分别从不同侧面回应了为什么市场在我国高职院校专业调整中作用发挥不平衡、不充分的问题。

第二节 政策建议

一、对政府部门的建议

世界各国的经济发展实践表明，市场既为经济活动主体提供了最有效的激励机制，也对各种生产要素和资源提供了最有效的配置方式。[1]要使市场在平衡供给中充分发挥作用，必须在生产、消费等经济活动各个环节，形成完善的生产要素市场和产品市场，以要素的相对稀缺性和产品的供求关系决定价格，形成对生产者的引导信号，依此配置资源、组织生产。同时，市场机制作用的充分发挥还要求建立清晰的产权制度和公平竞争的市场环境，以实现提高社会资源配置效率和激励经济活动的目的。

---

[1] 蔡昉.为处理好政府和市场的关系贡献中国智慧［N］.光明日报，2013-01-15.

我国从计划经济体制到社会主义市场经济体制的改革经验也告诉我们，市场应该在供需调节中发挥决定性。我国当前存在的高职专业调整与劳动力市场供需失衡问题，恰恰是由于市场发挥作用还不够充分造成的。因此，为了促进高职院校专业供给更好地适应劳动力市场的需求，提高专业资源配置的效率，就需要我们向高职领域大力引入市场机制。具体来说，就是要尽量减少政府行政干预，促进高职院校间的充分竞争，增强高职院校获得市场信息的能力，让市场机制在高职专业供给领域更大程度地发挥作用。

（1）深化“放管服”改革，落实高职院校办学自主权。张维迎认为，“政府高度管制、政府主导的大学，不是真正意义上的大学……大学之间缺乏真正有效率的竞争……政府管制必然导致大学无法适应社会变化对大学提出的需求”。[1]在市场经济条件下，基于市场分散决策不可避免，且在大多数情况下要好于中央计划的决策效果。一线的生产者更能敏锐地去捕捉市场信号并及时组织生产。然而，“我国高校在专业动态调整方面的权限还是比较小的，受到了诸多外部力量的牵制，这压制了高校专业自主调整的动力和活力”。[2]政府应该减少对资源的直接配置行为，给市场自主调节和高职院校理性反应留出充分的空间。有关主管部门应该将专业设置以及招生计划调配等权力完全下放给学校，同时，应赋予高职院校在办学经费管理以

---

[1] 张维迎．大学的逻辑（第三版）［M］．北京：北京大学出版社，2012：52–53.

[2] 田贤鹏．高校学科专业动态调整中的市场调整失灵及其矫正［J］．教育发展研究，2017（21）：16–23.

及人事管理制度改革等方面更大的自主权，使高职院校能够根据劳动力市场需求灵活调整专业设置，确定“产能”，并及时组织相关生产资源实现投产。

（2）创新投入方式，引入竞争机制。我国当前高职专业供给的主体是公办院校，作为公共部门的产权性质和财政性教育经费为主的收入来源，使得其在调整专业时往往较少受成本收益的约束，造成其专业资源配置及专业人才供给的低效。为此，政府部门可以考虑借鉴美国学券制改革的经验，变革经费投入方式，以教育券的形式对个人进行补贴。如此可从生源市场上引入竞争机制，引导高职院校更加重视专业调整的效能，不断提升专业建设水平和就业质量。

（3）发挥学费的价格信号作用，建立与就业质量相挂钩的学费制度。价格由供求关系决定，同时又对供求有调节作用，是对生产者的重要引导信号。然而，长期以来，我国高职院校学费的定价权掌握在政府部门手中，既不能反映高职院校各类专业的办学成本，也不能反映市场需求的强度，对高校特别是公办院校的激励作用未能得到有效发挥。建议有关部门充分尊重高职专业特点，加强各类专业办学成本的核算，确定各类专业的学费基准，在此基础上，加强对高职院校各专业毕业生就业质量的评估，将评估结果也作为确定学费标准的重要依据，建立基于就业质量的分专业学费浮动制度。

（4）打破市场壁垒，构建统一开放、竞争有序的市场体系。我国高等职业教育以省（市）为主的管理体制，使得高职院校所面向的生源市场和劳动力市场存在明显的地域性特征。

然而，行业办学的传统催生了高职院校专业进入的行业壁垒，造成生产要素市场和劳动力市场分割，不利于市场机制作用的发挥。政府应该继续深化高等职业教育管理体制改革，打破各类市场壁垒，促进生源、师资以及毕业生等要素自由流动，构建公平竞争的保障机制。当然，在引入市场机制的同时，并不意味着政府的退出。因为市场不是万能的，在保障公共服务供给以及市场监管引导方面，政府的作用仍然不可替代。

（5）采取分类补贴的方式，刺激具有外部性的专业人才供给。与经济领域的私人商品交换不同，高等职业专业教育还具有准公共产品的属性，这就决定了各类专业人才供需不可能完全按照市场调节的模式进行。具有准公共产品性质的产品和服务供给，是政府需要履行的重要职能。当前在生源市场和劳动力市场上存在一定“落差”的专业，如家政、养老等专业，人才供给存在外部性的问题。这些专业的个人收益率相对较低，但是保证这些专业人才供给对于满足人民群众日益增长的高品质生活需要有重要价值。这种外部性的存在扭曲了市场主体成本与收益的关系，会导致市场无效率甚至失灵。政府应该考虑采取分类补贴的政策，通过对学生直接补贴的方法刺激生源市场需求，保证相关专业人才的供给，以满足社会需求。

（6）切实落实企业补贴，深入推进产教融合。产教融合是高素质技术技能人才培养的必由之路，也是保证高职专业人才适销对路的关键一着。这是因为，合作院校毕业生往往还可以实现优先就业，能最大程度保证专业人才培养的适切性。同时，在校企深度合作过程中，学校还可以获取更加及时、准确的需求信息，便于学校及时调整专业设置。但长期以来，由于缺少有效的财税等激励政策，产教融合中企业合理利益没有得到有效保障，企业对于校企合作存在诸多后顾之忧，“校热企冷”成为制约产教融合深入推进的难题。各级政府部门应深入落实《国务院办公厅关于深化产教融合的若干意见》（国办发〔2017〕95 号）等文件精神，研究制定相关税收、金融等配套政策，鼓励更多企业到学校开展订单式人才培养，并促进企业与高职院校开展深度协同育人，实现协同就业。

（7）构建更加完善的劳动力市场供求信息服务平台。劳动力市场对于各类高职专业人才的需求处于不断变化的状态，学校很难及时、准确、全面地把握劳动力市场需求信息。在这方面，政府发挥着重要的作用。目前我国在劳动力市场信息统计与监测的专业性、针对性以及公开性等方面，与欧美发达国家仍有较大差距，难以满足高校专业调整的信息需求。政府部门应积极发挥行业协会和专门科研机构的作用，采用大数据等技术手段，建设行业企业人才资源需求监测系统，定期做好劳动力市场需求的调查和预测，并细化人才需求的知识技能层次和类别特征，为高职院校调整专业等提供精准的劳动力市场信息服务。

（8）完善专业预警和退出机制，坚决清理“过剩产能”。供给过剩的专业占用了大量的资源要素和市场空间，然而，清理过剩产能却具有外部效应，面对专业“退出难”的现象，仅靠市场自身的力量不足以解决问题，需要政府强力介入。有关部门应探索建立更加科学的专业预警制度和更加刚性的强制退出制度，从制度层面助力高职院校解决“退出难”的问题。通过强化无效供给清退，推动化解过剩产能，使高职院校的宝贵资源要素从产能严重过剩的专业中释放出来，实现供给端优化。

二、对高职院校的建议

在我国高等教育迈入普及化的新时代，高职院校也应树立更强的市场意识，加强信息获得能力建设，完善专业调整机制，通过不断优化专业结构打造学校核心竞争优势。

（1）结合区域经济社会发展规划和学校办学定位，制定科学的学校专业规划。作为以人才培养为根本任务的院校，专业规划是高职院校实施人才培养、打造办学特色和核心竞争力的施工蓝图，影响着学校办学定位的实现。高等职业教育的属地化和职业型特点要求高职院校必须坚持立足地方、服务行业的办学定位。这就要求高职院校要充分重视学校专业规划工作，认真研究区域经济社会发展规划和产业结构调整的趋势。通过组织全校大调研、大讨论，统一思想认识，明白哪些专业是需要加强的，哪些专业是需要收缩的。学校专业规划一旦通过，就应坚持一张蓝图绘到底，成为高职院校今后一段时期推进专业调整的指针，从而实现有限资源的合理配置，不至于被学校既得利益格局捆住手脚。

（2）建立更加完善的专业需求市场调研机制。高职院校应建立规范的专业需求市场调研制度，以院系为单位开展年度性的专业目标市场调研工作，明确拟调整专业的人才培养规格定位、市场总规模、竞争者状况以及目标市场份额等，并将市场调研结果作为确定专业招生计划及专业布点增减的重要依据。要加强对有关人员调研方法的指导和培训，确保调研方法的规范性和调研结果的真实有效。在自身条件不具备时，可以通过购买服务的方式委托专业机构开展第三方调查。

（3）形成科学规范的专业调整论证机制。专业调整的过程，实际也是高职院校内部利益相关者的博弈过程，因此，学校内部的决策机制对于保证决策结果的科学性和公平性至关重要。学校应将专业设置与调整工作提升到事关学校生存发展的高度加以重视，建立专门的专业论证委员会，负责学校专业规划以及年度性的专业调整决策。该委员会成员除了主管教学的校领导、院系以及教务处主要负责人外，还应纳入教育主管部门、校友、行业企业以及专业带头人等代表，使更多利益相关方进入，并规范决策程序，确保决策科学有效。

（4）积极推进一批老旧专业的升级转型。学校应尽力寻找生源市场和劳动力市场的结合点，将一些老旧专业通过设置专业方向等方式转型升级。比如，对生源地为经济发达区域的高职院校，可以考虑将原有畜牧兽医专业、动物医学等专业转向宠物养护与驯导专业，将植物保护与检疫技术、林业技术等专业转向园艺技术专业，以适应学生和家长对于未来职业岗位的偏好。

（5）建立更加完善的专业退出机制，坚决退出一批就业质量低、市场竞争力差的专业。高职院校应建立更加严格的红黄牌制度，在原有就业率指标的基础上，纳入就业质量和区域竞争程度指标，对于部分就业质量差且在区域内院校设置数量较多的“大路货”专业，应坚持予以撤销。同时，学校还应做好撤减专业相关教师安置以及实验实训室等设施设备的清理等工作。要着力做好对于拟撤销专业教师的转岗工作，通过对部分学科基础相近的教师进行针对性的培养培训，以适应学校其他专业对师资的素质要求。

（6）加强专业选择咨询辅导，适当拓宽专业口径。学生入校后换专业或者就业后学非所用，无论对于学生个人还是对于学校都是一种巨大的浪费和损失。为防止高职院校专业资源的浪费，更大程度地保证学以致用，有必要进一步健全专业辅导咨询机制，提升学生专业的认同度。高职院校的专业辅导与咨询应向高中阶段深度延伸，实现中高职相互衔接。通过专业咨询服务使学生提前了解高职院校专业培养目标、就业方向、培养模式、毕业要求等信息，引导学生结合兴趣志向以及学习经历、实践经历等作出最优化的报考选择，有效防止专业报考的盲目性。入校后，应进一步加强学生职业生涯的规划，增强专业认同感，降低学生换专业的比例。另外，还应积极探索通过专业大类招生、丰富课程资源、落实选修课制度等适当拓宽专业人才培养口径，增大专业自我调节的空间，提高毕业生对职业变化的适应能力。

第三节　研究的创新、不足与展望

一、创新

本研究的创新点主要体现在以下两个方面：

（1）理论创新。尽管学界对于高职专业调整与劳动力市场适切性的相关研究已相对较多，但是这些研究在科学性、规范性和系统性等方面还存在明显不足。本研究在厘清高职教育、专业以及产业、行业等基本内涵的基础上，系统梳理了高职专业与劳动力市场的基本关系，并基于经济学的专用人力资本理论、市场供求关系理论等构建了更加完整的高职专业人才培养与劳动力市场关系的理论分析框架，为探讨高职专业调整与劳动力市场需求适切性问题提供了更加深入的理论指导。

（2）方法创新。本研究以市场供求关系理论等为指导，基于全国高职院校人才培养状态数据采集平台 2015—2019 年面板数据，采取分专业类、分调整路径的方式分别建立回归模型，对影响我国高职专业调整的市场因素进行了实证研究。本研究作为一项基于全国大样本的实证研究，不仅弥补了该领域研究在实证研究方面的弱项，同时也实现了研究方法的创新，保证了研究结论的科学性和良好的外部推广效度。

二、不足

本研究的不足之处主要表现在以下两个方面

（1）尽管我们明确了高职专业与产业、职业的关联逻辑，但是对于“十三五”以来我国高职专业调整与劳动力市场适切性的量化分析，由于受到数据可得方面的现实制约，只能基于现有的统计口径，以专业与行业关联法进行简化处理和对比分析，这在一定程度上影响了研究结果对于教育主管部门优化高职专业结构决策的实际参考价值。

（2）在专业调整影响因素的市场模型中，可能存在一些遗漏变量，如有学者提出在当前的学校治理体制下学校领导风格等对专业调整也有重要影响，但因缺少相关数据未纳入回归模型中进行检验，这可能会导致模型中部分变量的回归系数有偏误。另外，在本研究中，我们以专业大类为统计口径来观测专业调整问题，而实际上高职院校的专业调整多是以具体专业为单位进行的，这也在一定程度上影响了研究结果对于高职院校专业调整实践的指导价值。

三、展望

在我国经济进入新常态，产业亟待转型升级的形势下，作为高素质技术技能人才培养的主阵地，高职教育的人才培养如何更好地服务产业发展是一个重要的时代命题。但是，由于历史和现实等方面的原因，相当长一段时间以来学界对于高职领域的关注比较少，该领域的大多数研究停留在了经验研究的阶段。随着国家对于职业教育的重视，现代职业教育体系建设开始成为学界的研究热点。职业教育发展所面临的产教融合问题，实际上不仅涉及教育与经济产业的关系问题，同样也是学校内部资源配置的问题，应该纳入教育经济学的重要研究范畴。

随着教育经济学领域学者的广泛介入，相信会有更加丰富的理论视角和更加科学的实证研究方法来拓展这一领域的研究。由于专业调整通常涉及学校和专业两个层次因素的影响，研究数据具有分层嵌套的关系，分层线性模型（HLM）可以实现对专业层面和学校层面变量的更加准确的估计；同时，由于专业调整多采用纵贯数据，固定效应模型可以排除一些不随时间变化的因素的干扰，也有利于排除一些遗漏变量的影响。这两种方法都可能会成为该领域研究下一步重点关注的研究方法。

参考文献

1. 中文著作

[1] 黄宏伟 . 职业教育专业建设新论 [M]. 杭州：浙江大学出版社，2014.

[2] 郝克明，汪永铨 . 中国高等教育结构研究 [M]. 北京：人民教育出版社，1987.

[3] 姜大源 . 职业教育学研究新论 [M]. 北京：教育科学出版社，2007.

[4] 梁建军 . 高职院校专业建设研究与实践 [M]. 合肥：中国科学技术大学出版社，2012.

[5] 潘懋元 . 高等教育学 [M]. 福州：福建教育出版社，2007.

[6] 潘懋元 . 新编高等教育学 [M]. 北京：北京师范大学出版社，1996.

[7] 王全旺 . 区域高职教育发展之劳动力市场适切性研究 [M]. 北京：人民日报出版社，2015.

[8] 薛天祥 . 高等教育学 [M]. 桂林：广西师范大学出版社，2001.

[9] 杨金土 .90 年代中国教育改革大潮丛书（职业教育卷）[M]. 北京：北京师范大学出版社，2002.

[10] 周雪光 . 组织社会学十讲 [M]. 北京：社会科学文献出版社，2013.

[11] 张楚廷 . 高等教育学导论 [M]. 北京：人民教育出版社，2010.

[12] 张维迎 . 大学的逻辑（第三版）[M]. 北京：北京大学出版社，2012.

2. 中文译作

[1] [美] 贝恩 . 产业组织 [M]. 丸善，译 . 北京：中国人民大学出版

社，1981.

［2］［美］克拉克·克尔.高等教育不能回避历史：21世纪的问题［M］.王承绪，译.杭州：浙江教育出版社，2001.

［3］［美］曼昆.经济学原理（第7版）［M］.梁小民，梁砾，译.北京：北京大学出版社，2015.

［4］［美］亚伯拉罕·弗莱克斯纳.现代大学论——美英德大学研究［M］.徐辉，陈晓菲，译.杭州：浙江教育出版社，2001.

［5］［美］约翰·S.布鲁贝克.高等教育哲学［M］.王承绪，等译.杭州：浙江教育出版社，1987.

3. 学位论文

［1］林蕙青.高等学校学科专业结构调整研究［D］.厦门：厦门大学，2006.

［2］梁婕.广州市属高职院校专业设置与区域产业适应性研究［D］.广州：广东技术师范学院，2018.

［3］李丹丹.高职教育发展与劳动力市场需求适应性研究——以江西省为例［D］.南昌：江西农业大学，2018.

［4］刘虎.高等职业院校专业建设研究［D］.上海：华东师范大学，2011.

［5］庞丽.我国高等职业教育政策的演变及其价值取向［D］.桂林：广西师范大学，2008.

［6］谢勇旗.高等职业教育专业设置研究［D］.天津：天津大学，2004.

［7］赵了鑫.我国高等教育学科结构规模调整研究——基于产业结构、人口就业结构的演化［D］.兰州：兰州大学，2016.

［8］陈宏图.制度分析视角下我国高职人才培养模式研究［D］.长沙：湖南大学，2010.

4. 期刊论文

［1］鲍嵘.从“计划供给”到“市场匹配”：高校学科专业管理范式的更

迭［J］. 浙江师范大学学报（社会科学版），2007（2）：1–5.

［2］鲍嵘 . 美国学科专业分类系统的特点及其启示［J］. 比较教育研究，2004（4）：1–5.

［3］别敦荣 . 超越过度专业教育——70 年高等教育教学嬗变［J］. 北京教育（高教版），2019（10）：9–16.

［4］蔡建平，沈陆娟 . 基于量化评价的高职教育与区域产业集群协调发展研究——以浙江省为例［J］. 中国职业技术教育，2016（15）：22–26.

［5］崔永涛 . 我国高等教育学科结构优化调整研究——基于产业结构调整的视角［J］. 教育发展研究，2015（17）：8–14.

［6］陈志新 . 宁夏高职院校专业设置调整的思考［J］. 中国职业技术教育，2011（4）：47–51.

［7］陈超 . 产业结构现代化与高教结构改革：发达国家的经验及对我们的启示［J］. 比较教育研究，2001（9）：41–47.

［8］陈婧 . 广东省产业结构调整下的高职专业结构优化研究［J］. 现代教育论丛，2014（6）：90–96.

［9］董宾芳，宋萌博，牛志宏 . 湖北高职院校专业结构与产业结构的适应性［J］. 武汉职业技术学院学报，2015（6）：23–27.

［10］丁楠，杨院 . 美国重振制造业视野下社区学院的发展举措与启示［J］. 职业技术教育，2018（25）：68–73.

［11］付雪凌 . 变革与创新：扩招背景下高等职业教育的应对［J］. 华东师范大学学报（教育科学版），2020（1）：23–32.

［12］盖馥 . 生命周期理论对高职院校专业建设管理的启示［J］. 北京教育学院学报，2014（4）：59–62.

［13］范笑仙，郅庭瑾，卢威 . 扩招背景下高等职业教育的改革与发展［J］. 职教发展研究，2019（1）：2–10.

［14］郝福锦，蔡瑞林 . 高职院校专业设置与产业结构吻合度实证研

究——以常州市为例［J］. 常州信息职业技术学院学报，2012（4）：7–10.

［15］蒋德喜. 高职专业结构与产业结构适应性研究——以湖南省为例［J］. 职业技术教育，2007（4）：23–26.

［16］匡瑛. 高等职业教育的"高等性"之惑及其当代破解［J］. 比较教育研究，2020（1）：15–21.

［17］卢晓东. 本科专业划分的逻辑与跨学科专业类的建立［J］. 中国大学教学，2010（9）：10–15.

［18］刘海燕，曾晓虹. 学科与专业、学科建设与专业建设关系辨析［J］. 高等教育研究学报，2007（4）：29–31.

［19］马凯. 促进就业创业　服务经济发展　加快推进现代职业教育体系建设　马凯在全国职业教育工作会议上的讲话［J］. 职业技术教育，2014（18）：38–40.

［20］钱佩忠，李俊杰. 高校跨学科教育组织的建立及其运行［J］. 浙江工业大学学报（社会科学版），2005（2）：166–169.

［21］李雯. 北京高职院校专业结构与产业结构的协调发展研究［J］. 职业技术教育，2013（6）：16–18.

［22］李艳娥，吴勇. 高职专业结构与区域产业结构适应性研究——以广州城市职业学院为例［J］. 广州市经济管理干部学院学报，2007（4）：52–56.

［23］乔学斌. 互动与共变：高等教育结构、毕业生就业结构与产业结构相关性研究［J］. 东南大学学报（哲学社会科学版），2013（4）：122–126.

［24］孙毅颖. "高等性"和"职业性"二维视域下的高等职业教育质量评价［J］. 中国职业技术教育，2015（12）：75–79.

［25］谭英芝. 高职院校专业设置"同质化"的危害及应对策略［J］. 江苏技术师范学院学报，2009（2）：43–44.

［26］田贤鹏．高校学科专业动态调整中的市场调整失灵及其矫正［J］．教育发展研究，2017（21）：16–23.

［27］王进富，张爱香，吕燕．高职专业结构与区域产业结构适应性研究——以陕西省为例［J］．职业技术教育（教科版），2006（1）：33–35.

［28］王哲．吉林省产业结构调整对高职专业结构设置的需求及应对策略［J］．职业技术教育，2014（11）：13–15.

［29］张宏，陆英．苏南地区高职院校专业设置与区域产业结构吻合度研究——以昆山市为例［J］．高等农业教育，2015（10）：99–104.

［30］吴雪萍，蒋新峰．美国社区学院的高等职业教育管窥［J］．教育与职业，2002（2）：57–59.

［31］徐军，曹方．教育结构影响因素探析［J］．高教论坛，2005（2）：7–11.

［32］薛国仁，赵文华．专业：高等教育学理论体系的中介概念［J］．上海高教研究，1997（4）：4–9.

［33］谢莉花，余小娟，尚美华．国际职业与教育分类标准视野下我国职业体系与教育体系之间的关系［J］．职业技术教育，2017（28）：74–79.

［34］谢维和．对口与适应——高校人才培养与劳动力市场的两种关系模式［J］．北京大学教育评论，2004（4）：9–11.

［35］邢栋．美国社区学院发展历程分析［J］．中国成人教育，2017（4）：155–158.

［36］朱健，李颖凤，王辉．职业分类与高校本科专业目录互动演进关系研究［J］．贵州师范大学学报（社会科学版），2018（2）：57–63.

［37］张龙．高职教育专业设置与建设适应区域经济发展的理性思考［J］．教育与职业，2010（35）：11–13.

［38］张杰，张建武．我国城镇劳动力市场行业分割的测度——基于CHIPS 数据的经验研究［J］．求索，2014（5）：95–100.

[39] 张艳英. 人口老龄化背景下的农村养老金融体系建设[J]. 福建金融，2018（7）：72–77.

[40] 张志宏，应元涨，林成堂. 温州市高职专业结构与区域产业结构的对接研究[J]. 温州职业技术学院学报，2011（3）：16–19.

[41] 章建新. 产业转型升级背景下天津市高职专业结构分析[J]. 职业技术教育，2012（14）：18–20.

5. 英文著作

[1] Andrew Abbott.Chaos of Disciplines [M]. Chicago and London: University of Chicago Press，2001.

[2] Frank R. Dobbin，Lauren B.Edelman，John W.Meyer，et al. The Expansion of Due Process in Organizations. In Institutional Patterns and Organizations: Culture and Environment [M]. Cambridge: MA: Ballinger，1988.

[3] Jonathan R. Cole. The Great American University: Its Rise to Preeminence，Its Indispensable National Role，Why It Must be Protected [M]. New York: Public Affairs Press，2009.

[4] Max Weber .The Theory of Social and Economic Organizations [M]. IL: Free Press，1997.

[5] Robert C.Dickeson. Prioritizing Academic Programs and Services [M]. San Francisco : Jossey–Bass Publishers，1999.

6. 英文论文

[1] Craig M.Rawlings.Reproducing Organizational Status Orders: Academic Program Differentiation in U.S Colleges and Universities，1970–1990 [J].Academy of Management Annual Meeting Proceedings，2013（1）: 17460–17486.

[2] Daniel W.Greening，Barbara Gray. Testing a Model of Organizational Response to Social and Political Issues [J]. Academy of Management

Journal, 1994, 37 (3): 467–498.

[3] David D. Dill, Pedro Teixeira. Program Diversity in Higher Education: An Economic Perspective [J]. Higher Education Policy, 2000, 13 (2): 99–117.

[4] Derek Neal. Industry–specific Human Captital: Evidence from Displaced Workers [J]. Journal of Labor Economics, 1995 (4): 653–677.

[5] Dimaggio Paul, Powell Walter. The Iron Cage Revisited: Institutioinal Isomorphism and Collective Rationality in Organization Fields [J]. American Sociological Review, 1983 (48): 147–60.

[6] James Engell, Anthony Dangerfield. The Market–model University: Humanities in the Age of Money [J]. Harvard Magazine, 1998 (3): 48–55.

[7] John Robst. Education and Job Match : The Relatedness of College Major and Work [J]. Economicsof Education Review, 2007, 26 (4): 397–407.

[8] Jonn W.Meyer, Brian Rowan. Institutionalized Organizations: Formal Structure as Myth and Ceremony [J]. American Journal of Sociology, 1977, 83: 340–363.

[9] Lauren B. Edelman. Legal Ambiguity and Symbolic Structures: Organizational Mediation of Civil Rights Law [J]. American Journal of Sociology, 1992, 97 (6): 1531–1576.

[10] Maureen Casile, Alison Davis–Blake. When Accreditation Standards Change: Factors Affecting Differential Responsiveness of Public and Private Organizations [J]. Academy of Management Journal, 2002 (45): 180–195.

[11] Paul M. Ong, Don Mar.Post–layoff Earnigs among Semiconductor Workers [J]. Industrail and Labor Relations Review, 1992 (2): 366–379.

[12] Ronald W. Roskens.Implicationsof Biglan Model Research for the Process of Faculty Advancement [J]. Research in Higher Education, 1983, 18 (3): 285-296.

[13] Steven Brint, Kristopher Proctor, Kerry Mulligan, et al. Declining Academic Fieldsin U.S. Four-Year Colleges and Universities, 1970-2006 [J].Journal of Higher Education, 2012 (4): 582-613.

[14] William Carrington.Wage Losses for Displaced Workers: Is It Really the Firm That Matters ? [J]. Journal of Human Resources, 1993 (3): 435-462.

附　录

附录一　2015 版与 2004 版高职专业目录分类对应表

序号	2015 版《目录》专业大类	专业二级类	专业种数	对应 2004 版《目录》专业大类
1	财经商贸大类	6301 财政税务类	47	财经大类
		6302 金融类		
		6303 财务会计类		
		6304 统计类		
		6305 经济贸易类		
		6306 工商管理类		
		6307 市场营销类		
		6308 电子商务类		
		6309 物流类		
2	电子信息大类	6101 电子信息类	95	电子信息大类
		6102 计算机类		
		6103 通信类		

续表

序号	2015 版《目录》专业大类	专业二级类	专业种数	对应 2004 版《目录》专业大类
3	公安与司法大类	6801 公安管理类	42	公安大类 法律大类
		6802 公安指挥类		
		6803 公安技术类		
		6804 侦查类		
		6805 法律实务类		
		6806 法律执行类		
		6807 司法技术类		
4	公共管理与服务大类	6901 公共事业类	19	公共事业大类
		6902 公共管理类		
		6903 公共服务类		
5	交通运输大类	6001 铁道运输类	66	交通运输大类
		6002 道路运输类		
		6003 水上运输类		
		6004 航空运输类		
		6005 管道运输类		
		6006 城市轨道交通类		
		6007 邮政类		
6	旅游大类	6401 旅游类	12	旅游大类
		6402 餐饮类		
		6403 会展类		

续表

序号	2015 版《目录》专业大类	专业二级类	专业种数	对应 2004 版《目录》专业大类
7	农林牧渔大类	5101 农业类	51	农林牧渔大类
		5102 林业类		
		5103 畜牧业类		
		5104 渔业类		
8	轻工纺织大类	5801 轻化工类	32	轻纺食品大类 生化与药品大类
		5802 包装类		
		5803 印刷类		
		5804 纺织服装类		
9	生物与化工大类	5701 生物技术类	17	
		5702 化工技术类		
10	食品药品与粮食大类	5901 食品工业类	18	
		5902 药品制造类		
		5903 食品药品管理类		
		5904 粮食工业类		
		5905 粮食储检类		
11	水利大类	5501 水文水资源类	16	水利大类
		5502 水利工程与管理类		
		5503 水利水电设备类		
		5504 水土保持与水环境类		

续表

序号	2015版《目录》专业大类	专业二级类	专业种数	对应2004版《目录》专业大类
12	土木建筑大类	5401 建筑设计类	32	土建大类
		5402 城乡规划与管理类		
		5403 土建施工类		
		5404 建筑设备类		
		5405 建设工程管理类		
		5406 市政工程类		
		5407 房地产类		
13	文化艺术大类	6501 艺术设计类	58	艺术设计传媒大类 文化教育大类
		6502 表演艺术类		
		6503 民族文化类		
		6504 文化服务类		
14	新闻传播大类	6601 新闻出版类	23	
		6602 广播影视类		
15	教育与体育大类	6701 教育类	49	
		6702 语言类		
		6703 文秘类		
		6704 体育类		

续表

序号	2015 版《目录》专业大类	专业二级类	专业种数	对应 2004 版《目录》专业大类
16	医药卫生大类	6201 临床医学类	46	医药卫生大类
		6202 护理类		
		6203 药学类		
		6204 医学技术类		
		6205 康复治疗类		
		6206 公共卫生与卫生管理类		
		6207 人口与计划生育类		
		6208 健康管理与促进类		
17	装备制造大类	5601 机械设计制造类	65	制造大类
		5602 机电设备类		
		5603 自动化类		
		5604 铁道装备类		
		5605 船舶与海洋工程装备类		
		5606 航空装备类		
		5607 汽车制造类		

续表

序号	2015版《目录》专业大类	专业二级类	专业种数	对应2004版《目录》专业大类
18	能源动力与材料大类	5301 电力技术类	49	材料与能源大类
		5302 热能与发电工程类		
		5303 新能源发电工程类		
		5304 黑色金属材料类		
		5305 有色金属材料类		
		5306 非金属材料类		
		5307 建筑材料类		
19	资源环境与安全大类	5201 资源勘查类	66	环保、气象与安全大类 资源开发与测绘大类
		5202 地质类		
		5203 测绘地理信息类		
		5204 石油与天然气类		
		5205 煤炭类		
		5206 金属与非金属矿类		
		5207 气象类		
		5208 环境保护类		
		5209 安全类		

附录二　高职专业的产业分类表
（专业与产业 / 行业关联表）

行业 / 产业	专业大类	专业二级类	专业名称（2015 版目录专业）
金融业	财经商贸大类	6301 财政税务类	630103 资产评估与管理
		6302 金融类	630201 金融管理 630202 国际金融 630203 证券与期货 630204 信托与租赁 630205 保险 630206 投资与理财 630207 信用管理 630208 农村金融 630209 互联网金融
		6303 财务会计类	630301 财务管理 630302 会计 630303 审计 630304 会计信息管理
信息传输、软件和信息技术服务业	电子信息大类	6101 电子信息类	610101 电子信息工程技术 610102 应用电子技术 610103 微电子技术 610104 智能产品开发 610105 智能终端技术与应用 610106 智能监控技术应用 610107 汽车智能技术 610108 电子产品质量检测 610109 电子产品营销与服务 610110 电子电路设计与工艺 610111 电子制造技术与设备 610112 电子测量技术与仪器 610113 电子工艺与管理 610114 声像工程技术 610115 移动互联应用技术 610116 光电技术应用 610117 光伏工程技术 610118 光电显示技术 610119 物联网应用技术

续表

行业/产业	专业大类	专业二级类	专业名称（2015版目录专业）
信息传输、软件和信息技术服务业	电子信息大类	6102计算机类	610201计算机应用技术 610202计算机网络技术 610203计算机信息管理 610204计算机系统与维护 610205软件技术 610206软件与信息服务 610207动漫制作技术 610208嵌入式技术与应用 610209数字展示技术 610210数字媒体应用技术 610211信息安全与管理 610212移动应用开发 610213云计算技术与应用 610214电子商务技术
		6103通信类	610301通信技术 610302移动通信技术 610303通信系统运行管理 610304通信工程设计与监理 610305电信服务与管理 610306光通信技术 610307物联网工程技术
公共管理、社会保障和社会组织	公共管理与服务大类	6901公共事业类	690101社会工作 690102社会福利事业管理 690103青少年工作与管理 690104社区管理与服务 690105公共关系 690106人民武装
		6902公共管理类	690201民政管理 690202人力资源管理 690203劳动与社会保障 690204网络舆情监测 690205公共事务管理 690206行政管理 690207质量管理与认证 690208知识产权管理
		6903公共服务类	690301老年服务与管理 690302家政服务与管理 690303婚庆服务与管理 690304社区康复 690305现代殡葬技术与管理

续表

行业/产业	专业大类	专业二级类	专业名称（2015 版目录专业）
交通运输、仓储和邮政业	交通运输大类	6001 铁道运输类	600101 铁道机车 600102 铁道车辆 600103 铁道供电技术 600104 铁道工程技术 600105 铁道机械化维修技术 600106 铁道信号自动控制 600107 铁道通信与信息化技术 600108 铁道交通运营管理 600109 铁路物流管理 600110 铁路桥梁与隧道工程技术 600111 高速铁道工程技术 600112 高速铁路客运乘务 600113 动车组检修技术
		6002 道路运输类	600201 智能交通技术运用 600202 道路桥梁工程技术 600203 道路运输与路政管理 600204 道路养护与管理 600205 公路机械化施工技术 600206 工程机械运用技术 600207 交通运营管理 600208 交通枢纽运营管理 600209 汽车运用与维修技术 600210 汽车车身维修技术 600211 汽车运用安全管理 600212 新能源汽车运用与维修
		6003 水上运输类	600301 航海技术 600302 国际邮轮乘务管理 600303 船舶电子电气技术 600304 船舶检验 600305 港口机械与自动控制 600306 港口电气技术 600307 港口与航道工程技术 600308 港口与航运管理 600309 港口物流管理 600310 轮机工程技术 600311 水上救捞技术 600312 水路运输与海事管理 600313 集装箱运输管理

续表

行业/产业	专业大类	专业二级类	专业名称（2015版目录专业）
交通运输、仓储和邮政业	交通运输大类	6004 航空运输类	600401 民航运输 600402 民航通信技术 600403 定翼机驾驶技术 600404 直升机驾驶技术 600405 空中乘务 600406 民航安全技术管理 600407 民航空中安全保卫 600408 机场运行 600409 飞机机电设备维修 600410 飞机电子设备维修 600411 飞机部件修理 600412 航空地面设备维修 600413 机场场务技术与管理 600414 航空油料 600415 航空物流 600416 通用航空器维修 600417 通用航空航务技术 600418 飞机结构修理
		6005 管道运输类	600501 管道工程技术 600502 管道运输管理
		6006 城市轨道交通类	600601 城市轨道交通车辆技术 600602 城市轨道交通机电技术 600603 城市轨道交通通信信号技术 600604 城市轨道交通供配电技术 600605 城市轨道交通工程技术 600606 城市轨道交通运营管理
		6007 邮政类	600701 邮政通信管理 600702 快递运营管理

续表

行业 / 产业	专业大类	专业二级类	专业名称（2015 版目录专业）
教育业	教育与体育大类	6701 教育类	670101K 早期教育 670102K 学前教育 670103K 小学教育 670104K 语文教育 670105K 数学教育 670106K 英语教育 670107K 物理教育 670108K 化学教育 670109K 生物教育 670110K 历史教育 670111K 地理教育 670112K 音乐教育 670113K 美术教育 670114K 体育教育 670115K 思想政治教育 670116K 舞蹈教育 670117K 艺术教育 670118K 特殊教育 670119K 科学教育 670120K 现代教育技术 670121K 心理健康教育
农林牧渔业	农林牧渔大类	5101 农业类	510101 作物生产技术 510102 种子生产与经营 510103 设施农业与装备 510104 现代农业技术 510105 休闲农业 510106 生态农业技术 510107 园艺技术 510108 植物保护与检疫技术 510109 茶树栽培与茶叶加工 510110 中草药栽培技术 510111 烟草栽培与加工 510112 棉花加工与经营管理 510113 农产品加工与质量检测 510114 绿色食品生产与检验 510115 农资营销与服务 510116 农产品流通与管理 510117 农业装备应用技术 510118 农业经济管理 510119 农村经营管理

续表

行业/产业	专业大类	专业二级类	专业名称（2015版目录专业）
农林牧渔业	农林牧渔大类	5102 林业类	510201 林业技术 510202 园林技术 510203 森林资源保护 510204 经济林培育与利用 510205 野生植物资源保护与利用 510206 野生动物资源保护与利用 510207 森林生态旅游 510208 森林防火指挥与通讯 510209 自然保护区建设与管理 510210 木工设备应用技术 510211 木材加工技术 510212 林业调查与信息处理 510213 林业信息技术与管理
		5103 畜牧业类	510301 畜牧兽医 510302 动物医学 510303 动物药学 510304 动物防疫与检疫 510305 动物医学检验技术 510306 宠物养护与驯导 510307 实验动物技术 510308 饲料与动物营养 510309 特种动物养殖 510310 畜牧工程技术 510311 蚕桑技术 510312 草业技术 510313 养蜂与蜂产品加工 510314 畜牧业经济管理
		5104 渔业类	510401 水产养殖技术 510402 海洋渔业技术 510403 水族科学与技术 510404 水生动物医学 510405 渔业经济管理
建筑业	土木建筑大类	5401 建筑设计类	540101 建筑设计 540102 建筑装饰工程技术 540103 古建筑工程技术 540104 建筑室内设计 540105 风景园林设计 540106 园林工程技术 540107 建筑动画与模型制作
		5402 城乡规划与管理类	540201 城乡规划 540202 村镇建设与管理 540203 城市信息化管理

续表

行业/产业	专业大类	专业二级类	专业名称（2015版目录专业）
建筑业	土木建筑大类	5403 土建施工类	540301 建筑工程技术 540302 地下与隧道工程技术 540303 土木工程检测技术 540304 建筑钢结构工程技术
		5404 建筑设备类	540401 建筑设备工程技术 540402 供热通风与空调工程技术 540403 建筑电气工程技术 540404 建筑智能化工程技术 540405 工业设备安装工程技术 540406 消防工程技术
		5405 建设工程管理类	540501 建设工程管理 540502 工程造价 540503 建筑经济管理 540504 建设项目信息化管理 540505 建设工程监理
文化、体育和娱乐业	文化艺术大类	6501 艺术设计类	650101 艺术设计 650102 视觉传播设计与制作 650103 广告设计与制作 650104 数字媒体艺术设计 650105 产品艺术设计 650106 家具艺术设计 650107 皮具艺术设计 650108 服装与服饰设计 650109 室内艺术设计 650110 展示艺术设计 650111 环境艺术设计 650112 公共艺术设计 650113 雕刻艺术设计 650114 包装艺术设计 650115 陶瓷设计与工艺 650116 刺绣设计与工艺 650117 玉器设计与工艺 650118 首饰设计与工艺 650119 工艺美术品设计 650120 动漫设计 650121 游戏设计 650122 人物形象设计 650123 美容美体艺术 650124 摄影与摄像艺术 650125 美术

续表

行业 / 产业	专业大类	专业二级类	专业名称（2015 版目录专业）
文化、体育和娱乐业	文化艺术大类	6502 表演艺术类	650201 表演艺术 650202 戏剧影视表演 650203 歌舞表演 650204 戏曲表演 650205 曲艺表演 650206 音乐剧表演 650207 舞蹈表演 650208 国际标准舞 650209 服装表演 650210 模特与礼仪 650211 现代流行音乐 650212 作曲技术 650213 音乐制作 650214 钢琴伴奏 650215 钢琴调律 650216 舞蹈编导 650217 戏曲导演 650218 舞台艺术设计与制作 650219 音乐表演
		6503 民族文化类	650301 民族表演艺术 650302 民族美术 650303 民族服装与服饰 650304 民族民居装饰 650305 民族传统技艺 650306 少数民族古籍修复 650307 中国少数民族语言文化
		6504 文化服务类	650401 文化创意与策划 650402 文化市场经营管理 650403 公共文化服务与管理 650404 文物修复与保护 650405 考古探掘技术 650406 文物博物馆服务与管理 650407 图书档案管理
		6704 体育类	670401 运动训练 670402 运动防护 670403 社会体育 670404 休闲体育 670405 高尔夫球运动与管理 670406 民族传统体育 670407 体育艺术表演 670408 体育运营与管理 670409 体育保健与康复 670410 健身指导与管理

续表

行业 / 产业	专业大类	专业二级类	专业名称（2015 版目录专业）
卫生和社会工作	医药卫生大类	6201 临床医学类	620101K 临床医学 620102K 口腔医学 620103K 中医学 620104K 中医骨伤 620105K 针灸推拿 620106K 蒙医学 620107K 藏医学 620108K 维医学 620109K 傣医学 620110K 哈医学
		6202 护理类	620201 护理 620202 助产
		6203 药学类	620301 药学 620302 中药学 620303 蒙药学 620304 维药学 620305 藏药学
		6204 医学技术类	620401 医学检验技术 620402 医学生物技术 620403 医学影像技术 620404 医学美容技术 620405 口腔医学技术 620406 卫生检验与检疫技术 620407 眼视光技术 620408 放射治疗技术 620409 呼吸治疗技术
		6205 康复治疗类	620501 康复治疗技术 620502 言语听觉康复技术 620503 中医康复技术
		6206 公共卫生与卫生管理类	620601K 预防医学 620602 公共卫生管理 620603 卫生监督 620604 卫生信息管理
		6207 人口与计划生育类	620701 人口与家庭发展服务 620702 生殖健康服务与管理

续表

行业/产业	专业大类	专业二级类	专业名称（2015版目录专业）
卫生和社会工作	医药卫生大类	6208 健康管理与促进类	620801 健康管理 620802 医学营养 620803 中医养生保健 620804 心理咨询 620805 医疗设备应用技术 620806 精密医疗器械技术 620807 医疗器械维护与管理 620808 康复工程技术 620809 康复辅助器具技术 620810 假肢与矫形器技术 620811 老年保健与管理
制造业	装备制造大类	5601 机械设计制造类	560101 机械设计与制造 560102 机械制造与自动化 560103 数控技术 560104 精密机械技术 560105 特种加工技术 560106 材料成型与控制技术 560107 金属材料与热处理技术 560108 铸造技术 560109 锻压技术 560110 焊接技术与自动化 560111 机械产品检测检验技术 560112 理化测试与质检技术 560113 模具设计与制造 560114 电机与电器技术 560115 电线电缆制造技术 560116 内燃机制造与维修 560117 机械装备制造技术 560118 工业设计 560119 工业工程技术
		5602 机电设备类	560201 自动化生产设备应用 560202 机电设备安装技术 560203 机电设备维修与管理 560204 数控设备应用与维护 560205 制冷与空调技术 560206 光电制造与应用技术 560207 新能源装备技术

续表

行业/产业	专业大类	专业二级类	专业名称（2015 版目录专业）
制造业	装备制造大类	5603 自动化类	560301 机电一体化技术 560302 电气自动化技术 560303 工业过程自动化技术 560304 智能控制技术 560305 工业网络技术 560306 工业自动化仪表 560307 液压与气动技术 560308 电梯工程技术 560309 工业机器人技术
		5604 铁道装备类	560401 铁道机车车辆制造与维护 560402 铁道通信信号设备制造与维护 560403 铁道施工和养路机械制造与维护
		5605 船舶与海洋工程装备类	560501 船舶工程技术 560502 船舶机械工程技术 560503 船舶电气工程技术 560504 船舶舾装工程技术 560505 船舶涂装工程技术 560506 游艇设计与制造 560507 海洋工程技术 560508 船舶通信与导航 560509 船舶动力工程技术
		5606 航空装备类	560601 飞行器制造技术 560602 飞行器维修技术 560603 航空发动机制造技术 560604 航空发动机装试技术 560605 航空发动机维修技术 560606 飞机机载设备制造技术 560607 飞机机载设备维修技术 560608 航空电子电气技术 560609 航空材料精密成型技术 560610 无人机应用技术 560611 导弹维修
		5607 汽车制造类	560701 汽车制造与装配技术 560702 汽车检测与维修技术 560703 汽车电子技术 560704 汽车造型技术 560705 汽车试验技术 560706 汽车改装技术 560707 新能源汽车技术

附录三　2011—2018年我国新增高职人才就业岗位的职业分布

（单位：万人）

年度	单位负责人	专业技术人员	办事人员	商业、服务业人员	农林牧渔水利业生产人员	生产运输设备操作人员及有关人员	其他
2018	−11.61	−198.32	42.12	147.02	6.74	48.32	−1.36
2017	27.33	180.85	181.22	270.96	10.85	94.77	6.18
2016	−30.79	−295.23	13.34	707.16	−1.93	−45.12	32.13
2015	−142.49	541.46	387.17	427.22	−82.36	−279.11	2.68
2014	153.93	−294.90	222.33	164.96	54.88	406.61	2.82
2013	8.36	15.37	16.91	93.25	−6.59	30.58	0.66
2012	29.41	−0.61	91.79	39.86	14.96	5.49	0.68
2011	−11.18	302.82	228.52	364.65	−21.99	229.45	15.80

附录四　2011—2018 年我国新增高职人才就业岗位的行业分布

（单位：万人）

年度	农林牧渔业	制造业	建筑业	交通运输、仓储和邮政业	信息传输、软件和信息技术服务业	金融业	教育	卫生和社会工作	文化、体育和娱乐业	公共管理、社会保障和社会组织
2018	2.28	−23.17	32.95	19.07	7.44	−8.41	10.67	12.88	14.05	14.14
2017	−3.43	−57.94	6.54	8.14	5.89	7.49	−4.27	13.27	−5.54	−27.91
2016	−7.95	101.39	9.96	−0.64	24.91	29.82	23.54	−1.64	4.45	12.35
2015	−3.83	77.17	42.38	69.90	−10.23	69.00	99.38	0.00	−10.22	124.03
2014	7.75	139.22	29.59	40.02	8.26	37.21	15.69	27.28	3.08	56.42
2013	−14.23	2.78	38.94	7.87	34.42	−24.85	29.79	22.81	−1.74	−26.29
2012	2.40	21.31	0.99	−17.65	−39.36	13.73	13.86	−13.54	−32.27	39.81
2011	11.53	236.58	49.31	83.35	142.00	58.61	−59.99	122.24	94.27	130.39

附录五　2011—2018年我国高职各类专业毕业生规模统计

（单位：万人）

专业大类	2011年	2012年	2013年	2014年	2015年	2016年	2017年	2018年
农林牧渔	6.0	5.8	5.6	5.6	5.6	5.59	5.64	6.05
交通运输	11.6	12.7	13.7	14.5	15.7	15.07	17.39	19.61
土木建筑	25.3	27.1	31.3	35.9	36.6	38.08	38.59	32.51
装备制造	45.8	43.1	42.2	40.7	40.6	38.63	42.37	44.40
电子信息	39.5	37.0	32.6	29.5	29.3	28.34	31.09	36.14
财经商贸	66.8	67.2	66.8	67.5	69.4	71.66	77.53	81.06
医药卫生	27.6	27.9	30.8	31.8	34.3	37.37	42.00	45.75
公共管理与服务	3.3	3.1	3.2	3.1	3.1	2.87	3.18	3.17
教育与体育	43.1	38.9	35.8	34.4	33.9	35.42	36.20	39.10
文化艺术	15.2	15.0	15.4	14.7	14.4	16.43	17.01	17.53

附录六 2015—2018 年不同类型院校专业布点调整均值的非参数检验结果

类型	类型（院校）		2015 年布点数	非参数检验	2018 年布点数	非参数检验	2015-2018 年专业布点变化	非参数检验
按办学性质分	公办	均值	24.57	z=-4.61（p=0.000）	24.83	z=-1.87（p=0.062）	0.26	z=-1.94（p=0.052）
		院校数	767		767		767	
		标准差	13.514		12.962		15.969	
	民办	均值	20.05		23.03		2.98	
		院校数	259		259		259	
		标准差	10.683		12.845		14.035	

续表

类型	类型（院校）		2015 年布点数	非参数检验	2018 年布点数	非参数检验	2015–2018 年专业布点变化	非参数检验
按学校历史分	传统	均值	24.08	z=−6.24（p=0.000）	24.65	z=−2.63（p=0.009）	0.57	z=−2.81（p=0.005）
		院校数	950		950		950	
		标准差	13.084		12.947		15.724	
	新建	均值	15.30		20.93		5.63	
		院校数	76		76		76	
		标准差	8.485		12.574		12.201	

续表

类型	类型（院校）		2015年布点数	非参数检验	2018年布点数	非参数检验	2015–2018年专业布点变化	非参数检验
学校所在区域	东北	均值	22.70	Chi-square=11.24（p=0.004）	22.33	Chi-square=20.17（p=0.000）	–0.37	Chi-square=2.01（p=0.36）
		院校数	91		91		91	
		标准差	13.602		11.355		16.287	
	东部	均值	24.79		26.53		1.74	
		院校数	417		417		417	
		标准差	12.717		13.096		15.636	
	西部	均值	23.52		24.20		0.68	
		院校数	246		246		246	
		标准差	12.908		13.530		16.010	
	中部	均值	21.51		21.92		0.41	
		院校数	272		272		272	
		标准差	13.129		12.169		14.717	

续表

类型	类型（院校）		2015 年布点数	非参数检验	2018 年布点数	非参数检验	2015–2018 年专业布点变化	非参数检验
按学校科类分（1）	理工农医类	均值	23.59	Chi–square=67.99（p=0.000）	23.30	Chi–square=11.51（p=0.003）	–0.29	Chi–square=34.33（p=0.000）
		院校数	482		482		482	
		标准差	13.107		13.003		16.131	
	人文社科类	均值	18.15		24.45		6.30	
		院校数	232		232		232	
		标准差	11.963		13.428		12.742	
	综合	均值	27.10		25.98		–1.12	
		院校数	312		312		312	
		标准差	12.282		12.367		15.654	

续表

类型	类型（院校）		2015 年布点数	非参数检验	2018 年布点数	非参数检验	2015–2018 年专业布点变化	非参数检验
按学校科类分（2）	理工	均值	25.16	Chi-square=170.8（p=0.000）	23.56	Chi-square=21.34（p=0.019）	-1.60	Chi-square=87.61（p=0.000）
		院校数	389		389		389	
		标准差	12.993		12.851		15.826	
	农业	均值	28.18		24.33		-3.85	
		院校数	33		33		33	
		标准差	11.818		13.133		16.148	
	医药	均值	10.90		21.03		10.13	
		院校数	60		60		60	
		标准差	4.779		13.871		14.275	

续表

类型	类型（院校）		2015 年布点数	非参数检验	2018 年布点数	非参数检验	2015–2018 年专业布点变化	非参数检验
按学校科类分（2）	师范	均值	18.47	Chi–square=170.8（p=0.000）	22.78	Chi–square=21.34（p=0.019）	4.31	Chi–square=87.61（p=0.000）
		院校数	32		32		32	
		标准差	12.534		11.692		12.973	
	语文	均值	21.53		23.00		1.47	
		院校数	17		17		17	
		标准差	9.651		9.220		12.821	
	财经	均值	22.33		28.28		5.95	
		院校数	100		100		100	
		标准差	11.550		15.166		11.831	
	艺术	均值	13.62		23.59		9.97	
		院校数	34		34		34	
		标准差	8.132		12.570		10.942	
	政法	均值	5.33		19.50		14.17	
		院校数	24		24		24	
		标准差	7.608		10.022		13.087	

续表

类型	类型（院校）		2015 年布点数	非参数检验	2018 年布点数	非参数检验	2015–2018 年专业布点变化	非参数检验
按学校科类分（2）	民族	均值	21.33	Chi-square=170.8（p=0.000）	18.67	Chi-square=21.34（p=0.019）	–2.67	Chi-square=87.61（p=0.000）
		院校数	3		3		3	
		标准差	2.517		3.786		6.110	
	林业	均值	26.18		16.91		–9.27	
		院校数	11		11		11	
		标准差	9.474		8.860		7.226	
	体育	均值	7.09		19.36		12.27	
		院校数	11		11		11	
		标准差	6.332		13.163		12.394	
合计		均值	23.43		24.37		0.95	
		院校数	1026		1026		1026	
		标准差	13.002		12.950		15.542	

后　记

都说攻读博士学位是一场修行之旅，我终于有了深刻的体会。原本计划和当时正在上幼儿园的宝贝儿子一起毕业，可眼见二宝都要两岁了，我却仍然没有摆脱在读博士的身份。在读博的五年时间里，我真切感受到了作为一个社会人，要将家庭、工作和学习平衡好着实不易。万没想到的是，2020 年突发新冠肺炎疫情倒给了我难得的闭关修炼机会，在外部世界都仿佛按下了暂停键的两个月里，我奋笔疾书，博士论文才算终于有了眉目。

之所以选择高职专业调整这样一个研究题目，除了工作需要，也是个人情结所在。高等教育对人的影响，具体而言正是通过专业教育来实现的，而专业教育不仅会赋予你“工科男”或者“文科男”的独特专业气质，还会深刻地影响到未来的工作和生活轨迹。我就是一个例子，高中毕业稀里糊涂进入师范院校读了教育专业，又一路“随大溜”进入教育科研行业。老话说“男怕入错行”，一路走下来，特别是当生活压力让人困顿迷茫之时，越来越感觉到想再变换一条职业轨道的可能性已经很有限了。专业对于高职学生职业生涯的影响尤其大，这是因为对于这些学生家庭来说，生活的选择其实原本就不多，选择一个“好”专业可能会成为这些孩子甚至家庭改变命运的重要机会。但是，在我国目前的高等教育管理体制下，学生个人的专业选择权其实是非常有限的，专业的设置及指令性的专业招生计划，在很大程度上已经决定了各类专业入学机会的多寡，这就使得专业资源的优化配置问题尤其重要。攻读博士学位给了我一个难得的自主研究机会。

在这一过程中，有太多的人要感谢。首先，要感谢我的导师杜育红教授。从硕士开始我便投身杜老师门下，杜老师治学严谨，待人谦和，使我受益良多。现在作为一个边读书边工作的职场人，能到校园里和杜老师讨论博士论文细节的机会有限，但是杜老师对论文进展非常关注，对论文思路和框架结构都给出了非常关键的指导。他独到的学术眼光和丰富的高校管理经验对研究顺利推进帮助很大，与杜老师的每次交流都很有收获。现在博士生涯马上结束，最大的遗憾也是没有能够静下心来跟着杜老师系统地学习。

其次，要感谢论文写作过程中给予我指导和帮助的胡咏梅教授、杜萍教授和梁文艳副教授，在开题和写作过程中都给我提出了非常宝贵的意见。感谢师门的袁玉枝、赵冉和曹浩文博士，她们对本研究的实证研究方法给予了一些具体指导。感谢我的同学乐志强、谢瑶和张平平博士，同窗三年跟他们学到了很多。尽管他们都早已如期毕业，却一直在为我早日毕业加油鼓劲。同时，我也要感谢北京教科院的领导和同事们，是他们给了我在职读博的宝贵机会。毫不夸张地说，如果说杜老师是我学术上的导师，那么北京教科院的老师们就是我实践上的导师，我是跟着同事们边干边学成长起来的。北京教科院不仅给了我综合锻炼和成长的平台，也给了我研究的空间和资源，本研究所使用的数据库就是《北京高职质量年报》项目多年来所积累的资源。

最后，还要感谢我的家人。我的妻子李秀芬女士，温柔持家、善解人意，尽管原本并不支持我攻读博士学位，但每到关键时刻，她总是能给予我最需要的支持。感谢我的父母，无私地帮我们操持家务，照料两个孙子。感谢我可爱的孩子们，只要看到你们，我就充满了力量。

2020 年转眼已经过去，世事无常，希望大家都好好的。

杨振军

2021 年 3 月 1 日